はちゃめちゃ商社マン、もう一度笑わせたる

Michitaka Yoshida
吉田 道孝

文芸社

まえがき

『はちゃめちゃ商社マン』の第二作が出来上がってしまった。最初の、『はちゃめちゃ商社マン、解任社長のお笑い告白』を書いた時は第二作を書くつもりは全然なかった。第一作を書いたキッカケは、俺一人が責任を押し付けられたってえ冤罪への怒り、俺を中傷する役員からのブラックレターへの激怒、ルール違反は無いと言いながら給料を下げようとした役員へのペンによるリベンジ、そういったものをエネルギーにして一気に書いたものだ。書いたことによって気は晴れたから、それで満足していた。しかし、その後の世の中の激変、環境の変化があった。そして書きたいことが沢山でてきたし、第一作以降のヨタ話も積もってきたのでヒマ潰しに日記代りに書き留めたら、アッという間に原稿が貯まってしまい、ちょっと纏めたら第二作になってしまったってわけだ。会社には若い社員もまだ沢山いるけど社員ってのは言いたいことを全部は言えない。だから言える俺が皆の声を集めて本にして代弁してやろうってなもんだ。

書いてみたら強烈なことも多かったのでだいぶ、削除した。トウツウには世話になったからな。リベンジの相手は、A級戦犯のくせに人の責任だけ追及した井川（元副社長）と、俺を差別扱いして恥をかかせた下杉（海外役員）だからな。ヨタ話もだいぶ、入ってるから、あんまり大層なことは言えないけどな。ま、とにかく読みやすい、そして笑えるって内容にしたつもりだ。引退した社員の笑える鎮魂本てなところかな。

目次

第一章　経営責任と雇用義務

［解体への足音］

時は二〇〇一年一月。毎年のことだけど正月だってんで一応は目出度いんだろうな。儀式だから正月明けには「おめでとうございます」って言わなきゃいかんわな、だから言ったぜ。世の中も二十世紀最後の年だとか「めでたい」とか言ってるぜ。だけどな何がそんなに目出度いんだよって年明け早々ふて腐れてるんだよ、俺は。会社は、「生き残り作戦」の名目で切り刻みの解体に入ったんだよ。いいとこ（いい部門）だけ残すための解体なんだけど、いいとこってのは一部に限られてるんだ。残りは本音で言うとイ・ラ・ナ・インだな。クソみたいな商権は要らない、それに係わる人間はもっと要らないってのが本音よ。一応、雇用契約ってのがあるし一部上場の名の通った会社だから合法的に人員を減らしたい、その為にどうするかってのが一番のテーマよ。会社のそういう方針をハッキリ知らしめられると目出度くなんかねえんだよ。しかも、そこへもってきて俺の寿命は風前の灯火ときたもんだ。

ここでいう会社ってのは大手商社の片隅にいるトウツウ商事ってとこだ。そして俺が所属してたのはトウツウのインドネシアの現地法人のトウツウ・インドネシアってとこだ。第一作で説明したけど、もっぺん言うとこうか。俺はトウツウ・インドネシアの前身のトウツウ・エクスポート・インドネシアってとこの社長だったんだよ。そう「だった」という過去形が付いちまうんだ、なんせ去年、解任されちまったからよ。解任の原因は商売で百万ドル（一億円）の損が出ちまったからだ。このへんの経緯は第一作で怨念を込めて説明したから今回は省いとこう。解任されちまった後も一応は取締役ってことで生き延びたけど実質は一担当者に格下げになっちまったよ。当初は取締役で営業総括と社長補佐つうことで落ち着きかけたんだけどな。ところが株主（親会社つうか本社だ）の下杉っていうクソ役員が「トウツウ・インドネシアみたいな所帯の小さい所に社長補佐とか営業総括なんか要らない」ってケチ付けやがったんだよ。「屋上屋を重ねるようなもんだ」つうてな。バカヤロ、人の糧を勝手に断ち切りやがってと思ったね。

そんなわけで取締役ってえ肩書きだけあるけど実質は一担当になっちまったってわけだ。たまたま、機械の担当が居ないってんで機械の担当ってなったんだ。一応は「各部門を大所高所から見て連携させながら機械案件とかプロジェクトを構築する」ってえ名目は付いてるんだけどよ。だけどな、実質、何もできねえって状態だ。なんせ少しでもリスクのあるのはイカンとか契約当事者になるなって方針だからな。アチコチの客のとこに行って上手いこと立ち回って新規商売をメーカーに繋ぐとかして利益だけ取ってこいってのが方針なのよ。いまどき、そんなポン引きみてえなことで稼げるかってんだよな。しかも与えられたノルマが大きいんだ。これを言い渡されたのが去年の五月よ。二〇〇〇年度（十二月決算だ）は初年度だからノルマは免除ってなったけど来年（二〇〇一年、今年だ）は大きいノルマを言い渡されちまったんだよ。ま、来年のことだ、それまで生き延びたらエエか、ってのと今の時点で四の五の言ってもしゃーねえってんでハイつうたのが去年の五月なんだよ。そして運命の今年になっちまったってわけよ。だから目出度くも何ともねえってホザいてるんだよ。ま、持って一年ですなって宣告された重病患者みてえなもんだな。商売が突然できるなんてえ特効薬も無いからな。

三五年前に青山和子が歌った「愛と死を見つめて」って歌があったけど、そんな心境よ。マーコ、甘えてばかりで、ゴメンね、ってか。フフン、この歌の例えが分かるアンタは中高年だろ。この悲哀よく分かるだろ。こんな心境だから飲み屋で歌うのは「愛と死を見つめて」とか「高校三年生」（残ーり少ない日数を胸にい）なんだな。その一方で徹底的に戦うぞなんて想って「予科練の歌」（やーまと魂にゃ敵はなーい）なんか歌ったりしてな。可哀相によ情緒不安定ってやつだ。うっ、う、うう、なんて泣かねえよ。前作でも言ったけど俺は早期退職で金もらってっから、ま、いいかってえ諦めもあるんだけどね。てなことで、この本が出る時には俺は会社には居ないんだわ。ゴッホなんか死んでから評価されたけど俺も辞めてから評価されたりして。な、こたあねえわな、ハハ。

[給料二十パーセント下げるだ?]

やっぱ今回も怒りのパワーの原点は俺をコケにして汚いものでも見るような目で俺を扱った直轄の役員の下杉の野郎とその後ろで糸を引いて給料を下げろと言った井川のクソタコ野郎への激怒だな。井川なんてのは百億円の損を出したA級戦犯で機械を壊滅させてもうて会社をガタガタにしたごく悪人みてえなA級戦犯だからな。大量の死者を出したインパール作戦の責任者の中将よりも罪の重い戦犯なんだよ。そのくせ特例顧問なんて勝手なポジションを作って生き延びようとしやがってよ。その井川の指示で俺の給料を二十パーセントカットって、しれっと言ってきた下杉と川本に頭にきたから徹底抗戦したよ。「社長から降格になったから給料を二十パーセント下げる」つうから言ったよ。「私の給料は一般社員の給料そのものですよ。どこを下げるんですか」ってな。「一般社員の給料に社長の分っていうのが乗ってて、その分を下げるというなら納得できます。そうじゃないでしょ、どこを下げるんですか」って反論したよ。

ま、最初はショートテンパーの俺が怒りを堪えて紳士で話したけどブチ切れたから牙むいたね。井川から出てるブラックレターみてえのがあったんだわ。「吉田は役員に嘘の報告をして役員をミスリードせしめた」って内容のレターだ。ところが、このレターが手違いで当人の俺に送られてきたのよ。俺は、いいものを入手したと思ったね。俺あての送り状とともにキッチリ保管しておいたのよ。そして、このレターを交渉の秘密兵器で使ったんだ。これは効果あったね。「レターの内容は名誉毀損」って言うたったよ、そして「社内裁判やって下さい。私が負けたら辞表だします」って迫ったんだ。そして徹底抗戦を主張したんだわ。口には出さなかったけど俺の主張が通らないならホンマに訴訟したろと思ったね。

「会社とケンカしても勝ち目ないぞ」って言われたけど「勝ち負けの問題じゃないんです。勝っても辞めます」つうたよ。裁判での勝ち負けなんて時間がかかるから、そんなもんどうでもいいんだよ。大会社の社員が役員を訴えたらニュースにはなるからな。そのへんが狙いだったね。そのためにはホンマに訴訟を起こさないと話題性がないから訴訟したろかなと思ったんだよ。ま、幸いなことにそこまでいく前に俺の主張が通ったからホッとしたけどな。最終のとこで希望を言うてくれつうから「給料の下げは五パーセントは受けます。但しブラックレターへの落とし前を付けてもらいます。落とし前は四パーセントです。五から四を引いて一パーセントにして下さい」つうて、その主張が通ったから徹底抗戦解除となったってわけだ。ふん、井川め、てめえの思い通りになってたまるかよ。

［転籍者の雄たけび］

九六年の頃からだったかな、人減らせ運動が始まったのは。辞めてくれたら定年退職時の退職金を満額で上げましょうという早期退職制度。そして子会社にポストを用意しましょうという転籍制度。早期退職と転籍をコンバインした転籍制度もすっかり当たり前になっちまったな今は。この制度が始まった頃はまだ肩を叩かれたってえ気がしたんだよな。それと子供の結婚まではトウツウの肩書きでいたいなんて奴が若干の抵抗もしたりしたよ。俺が転籍したのは九九年の五月だ。言うとくけど俺は自分で希望してトウツウ・インドネシアってえ現地法人に転籍したんだよ。

俺がインドネシアに赴任したのは四六才の時だ。四～五年したら五十過ぎるから出身本部には帰れねえなという覚悟はあったね。だから帰ったら業務本部にでも腰掛け程度にいて、それからアジアの一人駐在の小さな店にでも赴任して余生をゆっくり過ごして金を残すかくらいに思ってたんだ。だけどな、帰ってまた、どっかに赴任するくらいなら、ここ、インドネシアに転籍してまえってんで転籍したわけよ、当時は社長だったし。でも社内の噂スズメはそんな事情を知らねえから「社報で見ました。思い切ったことをされたと驚いてます」とかのエールを送られたりしたね。

だけど、その後は四五才以上は全部転籍させてまえ路線になってもうて、すっかり時代も変わったね。いっときは転籍者イコール肩を叩かれたとか出世のカケラも無くなったってえ日陰者みてえな印象で気のせいか俯いてる奴が多かったけど、これだけ環境が悪いとか、社員も年棒制にするとか過激なことを言い出すと「あー転籍しといて良かった」てなムードになっちまったね。てなことで前向きじゃねえけど雄たけびを挙げてるんだよ。ま、涙雨つうか泣き笑いの雄たけびってえ感じもするんだけどね。まあ、社員の年収を下げるってのは今や当たり前のことになっちまったもんな。

今年（二〇〇一年）の四月からは年棒制の導入だってよ。何？　プロ野球の選手みたいで格好いいじゃんかって。あ、あ、あほ。プロ野球の場合は上がる奴もおるけど企業の場合は下げるためなんだよ。下げるためだけの手段でしかねえんだよ。今年のベアとボーナスってのが一昨日、早々と公表されたぜ。昇給は〇・〇〇パーセントだって。ゼロのあとにご丁寧に小数点を付けてゼロゼロって繰り返してた。ボーナスは夏冬合計で×ヶ月だと。今までの例年はもうちょいあったんだよな。「あー、社員で残っても年収が下がる」ってんで転籍者が「良かったあ、結果的に」の雄たけびになってんだ。しかしエエ調子で雄たけびコイてるわけにもいかねえんだよな。社員の年収が下がってんだからオメエら転籍者の給料も見直しだって言い出すらしいからな。

こんな状況だから、ここ一～二年の間に俺が以前、狙ってたアジアの一人駐在の小さな店なんてのは消滅しちまったね。日本人を置いてもペイしないってんで現地人だけにしたり、或いは閉鎖しちまったよ。余生を過ごせるような居心地のいい小さな店が一挙に無くなっちまったね。だから当てが外れたって奴がけっこういるんじゃねえかな。農地用水がコンクリートになったり農薬を撒かれたりで、いつの間にか死滅しちまったザリガニとかゲンゴロウとかタガメみてえなもんなんだな、俺らって。

世の中全体が景気悪いんだけど商社が何故これだけ落ち込んで商売・利益が激減かってえと時代の変化ってやつだな。昔は客とメーカーの間に入って右左の繋ぎで商売できたんだよ。例えばタバコを買いたいって客を見つけるわな。そしたらタバコ・メーカーに「客がいます」って連絡するわけよ。そうすっとメーカーから「タバコの種類と数量を確認せよ」って言われて客に確認するわけだ。そして「ハイライトが千個、セブンスターが五千個」とか連絡して見積もりを貰って客と交渉して契約となるわけだ。そのやり取りが海外だと横文字になり、それを和訳して日本語で伝えるってわけだ。ま、横文字とか和訳とかあるけど、やってることはポン引きと変わらねえんだよな。間に入って鞘を抜くんだからよ。昔はポン引きってのが、ようけ居たわな。でも今はもう見かけないだろ。それと同じようなもんでな、そういうポン引き商売ってのは無くなったんだよ。

昔は海外ってえと海の向こうの見知らぬ世界ってイメージだったから商社ってのが頼りにされたわけだ。なんせ海外に店を構えて人を置いてるのは商社だけだったし通信手段てのもテレックスしか無かったからな。だから、そこそこ名の通ったメーカーでも海外は商社に頼ってたね。で、商社の仕事ってのは客を見つけてくる、見積もりを取って値段の交渉をする、品質とかは言われた通りの右左で良かったんだよ。あとはメーカーの担当とか部長なんかが出張してくる時にホテルの手配とか空港への出迎えとか晩飯のアレンジくらいだったね。当時はメーカーの連中は英語は駄目なんですってのが多かったから通訳って業務もあったけど、そんなに難しい話の通訳をしてたわけじゃねえんだな。それに昔は、そんなに高度な物を売ってたわけでもねえしコンピューターとかハイテク商品とかも無かったんだよ。

ところが段々と時代は変わった。メーカーでも英語教育とか研修とかやって連中も英語をしゃべるようになったんだわ、おー駅前留学〇ＯＶＡとかでな。しかも学生とかＯＬのネエちゃんでもＪＡＬパックで簡単に海外に行く時代だからメーカーが自分で出張ってくるようになっただろ。そうなるとメーカーが自分で話できちゃうわな。しかも最近はハイテク商品も多いから知識がねえと通訳もできねえんだよ。そりゃあそうだわな、足し算とか掛け算の算数なら通訳できるけど、微分積分になっちまったら通訳できねえぜ。日本語でも理解できねえもんが英語で話せるわけねえだろ。

てなことでポン引き商売が無くなっていったんだわ。そして何かせにゃってんで事業投資をやったり出資をしたり或いは自分でリスクを取ったりで知恵も絞ったんだけど、バブルが弾けて大損こいちまったんだな。

［昔の駐在員は楽だった］

そうなんだよ。昔つうてもそう遠い昔じゃねえんだ、五年くらい前かな。この頃までは商社の駐在員っていっても添乗員みてえなもんだったな。「出張するのでホテルの手配等よろしく」なんてテレックスが本社の担当からきて、それに対して「ヒルトン・ホテルをブックした。空港へは小職が出向く」なんて返電を打つ。そして「貴方ご尽力深謝」なんてえエールの交換みてえな類のテレックスが多かったね。んで出張者がバッテラ寿司の一本もミヤゲに持ってくるってえパターンよ。

本社から社長が来るなんてえ時は支店長の号令一下、駐在員全員が総員配置に付けってなもんで大騒ぎだったね。俺も動員された一人だ。まずは空港の出迎えからだな。ゲートのとこで直立不動で待ってるなんてえのは失格なんだよ。税関の奴に小銭を握らせて中に入っちまうのよ。で、ＪＡＬの担当にも頼んで飛行機から社長が出てきたとこで出迎えだ。「おっ、こんなとこまで来れるんか」なんてお褒めの言葉を頂いて「いやあ、なになに、いろいろ人脈を使いまして」とか言っちゃってさ。とにかく、この「いやあ、なになに」で先手必勝。こうして到着すると今度はホテルまで移動ってえ大仕事があるのさ。これも大変なんだぜ。途中で騒動に巻き込まれたらイカンとかでまず若い奴が社長の乗る車より十五分前に同じ道を先行して走るんだわ、これは先行車ってんだ。んで十五分後に社長を〝お乗せ〟したベンツが走るんだな。そしてそのすぐ後を別の若い奴が車で追尾するのよ。もしもの時の予備車兼護衛って役割だ。で、先行車の奴はベンツの助手席の若い奴に定期的に道路情報とかを連絡するわけよ。「ただ今、スマンギ交差点を通過、異常なし」って。そして次長とかその他大勢はヒルトン・ホテルで待機だ。でもってヒルトンに到着の直前でベンツの助手席の若手から「あと十分くらいで〝御到着〟」って連絡を入れるのよ。そうすると次長以下全員がホテルで直立不動で待機して到着すると「お疲れさんです」ってやるんだな。

全員で出迎えとか先行車とか護衛車とか、やってることはヤーさんと変わらねえな。そうそう、ホテルの出迎えにはホテルの支配人も立たせるぜ。「うちのトップが来るんや。粗相があったら二度と使わんぞ。出迎えもせえ」つうてな。ま、インドネシアでも携帯ってのが当たり前になってるから、こういう芸当もできるんだよな。さあて到着したらチェックインだ。俺ら下々みてえにパスポートを、なんてのは失格なんだよ。パスポート・ナンバーとかは予め秘書室から聞いておいて俺らがチェックインして鍵も貰っておくんだ。んで〝お泊まり〟頂くスウィートルームも俺らが事前チェックしておいて更に当日の直前にも再度チェックするんよ。前の客のクソが便器に付いてねえかとかチェックするんだよ。便器を見てクソのチェックなんて一遍やってみい、情けねえぞ。

そして次の日は全員出席で全体会議だ。これも大変だぜ。エレベーターのボタンを押す係まで決めたな。日程表にはビッシリ書き込みよ。「コーヒーブレイク」とか「ここで日本茶を〝お出し〟する」とかの書き込みだ。こんな具合で到着から帰るまで大騒動だね。帰った後は無事終わったってんでドンチャン騒ぎだな。金と時間と労力の無駄使いだけど、思えば良き時代だったかもしれねえな。

［政権の交代］

不幸への転落ってのは坂道を転げるように急激なんだよな。もともとトウッウってのは収益力は強くなかったんだ。伊川忠とか東商なんてのは野武士集団みてえな逞しさがあるし図々しくて図太さがあるから、けっこう収益力があるんだよ。そこへいくとトウッウの社風だろうな新規開拓とか商権拡大とか弱いんだな。それでも一応、勝ち組なんて言われて財務内容がいいなんて評価もされてるんだぜ。何で勝ち組になれたかってえとバブルの時も何もしなかったからだ。だから結果的に被害が少なかったてえだけなんだよ。バブルで商社もやられて大手は被害もでかいけど稼ぎもでかいんだよな。だからプラス・マイナスで単純に計算すりゃあ儲けてるってわけよ。中途半端にやったとこが損をこいたんだわ。

ここでいう大手ってのは四菱、四井、住成の三社だけだな、いわゆる、財閥系な。中途半端にやったとこってのがセイメンとか兼竹だ。結局、バブったツケが払えなくて銀行に対して債権放棄をしてもらったもんな。債権放棄なんて仰々しい言葉を使ってるけど要は借金の踏み倒しなんだよ。借りた金を返すってのは当たり前って教育をしてきたんじゃねえのか日本って国は。返せませんって言われて銀行も、んん、しゃーねえなてなもんで引当金で損で落とす。そして銀行自身は公的資金導入なんつうて国民の税金で穴埋めしてるんだよな。大手商社を潰したら経済への影響が大きいとかの理由で債権放棄を認めてナアナアで臭いものに蓋、後で考えようつう、その場しのぎの域を出てないんだよ。貸した金は返してもらう、取り返すって根性と信念が欠けてるんだな。その点ヤーさんは根性くって、てるし体はってるだけあって必死だ。裏稼業なんて裏よわばりしてるけど経済界なんて言ってる連中は裏に弟子入りしてノウハウを学んだ方がいいんとちゃうんか。

経済界なんて大それた話になっちまったけど勝ち組なんて言われたトウツウが青息吐息になったのは重工業本部の崩壊が大きかったからよ。第一作で紹介したけど重工業を管掌してた井川ってえ当時の副社長が権力に任せてヤバイ商売をやったし引っかかったのは隠すしでテンコ盛りのクソを残しやがったんよ。そしてプリクラ関連で詐欺まがいの被害を百億円くらって大損を出したんだわ。九九年の七月だったな。これで会社にも、当時の田部政権にもヒビを入れちまったね。なんせ田部は井川の暗躍で社長になったって噂があるくらいだから井川と田部はニコイチで見られてたんだよ。それでも田部時代は本人が権力のイスに未練があったし相棒の井川が諸悪の根元って負い目があったから社員に対してはまだ温情があったね。リストラも盛大にやったけど早期退職後の転籍先を確保したりで命まで取ろうって勢いじゃなかったもんな。負い目コンビだったたから社員の給料引き下げもしなかったぜ。当時の副社長が社員の年収を下げて我慢してもらおうって言ったけど田部・井川の負い目コンビが反対したね。な、ことすれば、そこまで悪くしたのは誰だって全社員の非難の声が怖かったからよ。

てなことで苦しい中にも温情リストラだったんだけど、遂に力尽きてイスを明け渡したんだわ。福山政権の誕生となっちまったわけよ。トウツウは収益力が弱いって言ったけど、この福山は別だ。昔から、よう稼いできたよ。生活産業品一筋で来たけど部長→本部長→常務→専務とずっとこの部門一筋で稼いで貢献してきたぜ。そういう自負を持ってるからリストラとか切り捨てには厳しいんだな。食えない部門は切れ、稼げない奴は死ねってなもんだ。しかも実行隊長として戦略計画本部にミニ福山みてえな梅川ってのを抜擢したんだ。こいつは今や福山の懐刀《ふところがたな》くらいに信頼されてて役員になると同時に全権委任の隊長となったぜ。なんせ経済誌のインタビューで福山が「戦略計画本部に意中の人を配置」ってコメントしたお墨付きだぜ。

そんなわけで福山と梅川のコンビのリストラは半端じゃねえんだ。なんせ、この二人は生き残る為なら何でもする似た者コンビだからな。昔のプロレスで力道山時代に噛み付きのブラッシーってのがいた、ブラッシーは「リングに上がれば親でも殺す」つうてたんよ。

そん時は俺も中学のガキだったから、うっわ凄え奴って思ったけどあれはショーなんだよな。だから本気で言ってたわけじゃねえんだよ。でも福山・梅川はホントにやるからな。

福山が平取だった頃、生活産業品管掌の役員が居たんだ。この人は退任してからトウツウの関連会社に顧問として年収八百万円くらいで行ってたんだと。それを、その八百万円が無駄つうて斬ったね。梅川も似たようなことをしたらしいね。自分が部長の時、何かの商売で引っかかったんだと。そして課長と担当の些細なミスを見つけたらしい。でもってルール違反だってんで課長と担当の実家に行って息子が会社に損をかけたってんで親に弁償を迫ったんだと。こうなると悪質サラ金と大差ないね。ま、俺んとこの親なんかにそんなことしたら大変だぜ。俺んちの親父なら正式に請求書を出させた上で訴訟しちゃうだろうな。それか俺がブチ切れて夜道で待ち伏せてボコボコにしちまうね。まあ、それくらいの奴じゃねえと偉くなれねえってことなんだけどね。俺みてえに人が良くて義理だ人情だ友情だなんてえ甘ちゃんは駄目だね。三十年前に高倉健の任侠映画を見て「健さん、うしろが危ない」なんて叫んでた奴は駄目なんだよ。校舎の裏で夕焼けに誓った友情を今だに大事にしてる奴も失格なんだよ。ひええ、サラリーマンってのも厳しいもんだわさ。

てなことで重工業はブッ潰せの大号令が出されたわけだ。カンパニー制とかで生活産業品・エネルギー／繊維・木材／重工業の三部門に分けられたんよ。生活産業品は自分の牙城だし儲けてるから譜代、繊維は福山が立て直したって意識があるから譜代に昇格、重工業はA級戦犯の井川の縄張りで自分は一切タッチしてこなかったし大損と大きな評価損があるから外様ってえ図式なんだよ。

［重工業イラナイ作戦］

　こういう極秘コードネームが密かに付けられてるんじゃねえかってくらいの凄まじいブッ潰し攻撃が去年の十月から開始されたぜ。重工業の管掌の橋田ってえ副社長がいるけど完全に無視されちまってるね。福山の全権委任で梅川が猛威を振るってるからな。運営方針はもちろんのこと人事権まで全て握っちまってるんだからよ。他にも機械担当の役員ってのもいるけど皆、担当者と一緒になってビビっちまってるぜ。まあ、梅川は昔から「無理偏に拳骨」てえ恫喝・高飛車タイプだからな。そんな奴が福山の全権委任の隊長になったんだから適材適所なんだけどね。こいつが隊長になってすぐ、機械本部全員と個人面談したんだと。その時の①罵詈雑言②言われた相手の様子・動向を紹介しとくわ。（噂だけどな）

　重電本部の海原本部長の場合は①取れそうもない未収がようけありまんな。資金を食いすぎだし圧迫してる。どこまで金を注ぎ込ませるつもりか。せめて出血を止めろ。稼げとはもう言わん、せめて迷惑をかけんようにせえ。利益の先食いをしてる。これはルール違反、責任はどうするんや。②頭にきた海原は「辞めたるわい」って言ったぜ。そして身の振り方についても「会社の世話にはならん、なりたくもない」ってキッパリ言ったね。梅川は恐らく一人抹殺って手帳にドクロ・マークを付けたんじゃねえかな。

二人目は運送本部の山下本部長だ。①資金ばっかりようけ食ってるけど商権もないし将来性もありませんな。食えないような商売は商権と言えない。そんな商権なんか無くなってもいい。商権全部捨てて人も全部いなくなるのがベスト。商権・利益の減りより人件費の減りの方が大きい。全部捨てて斬ったら差し引きでプラス。そんな単純計算もできないからここまで悪くなった。人を半分にせえ、半分を斬れ。②この面談は夕方だった。翌日、出社した山下は放心状態でコートを着たままイスに坐って明後日の方向を向いて半日くらいその姿勢で動かなかったって。

三人目は三七才の一担当の南田君だ。①君はどうして正社員で残っているんだ。機械が諸悪の根元って分かってないのか。儲かってないのに正社員でノウノウと高い給料とってるなんて罪悪だ。何故、転籍しないんだ。②唖然として何も言えなかったと。ま、こんな具合で全員に罵詈雑言攻撃をかましたぜ。でもな、そうは言っても総合商社の看板を降ろせない、だから重工業をゼロにできないって事情もあるんだろうな。

何故か？　ってえと「総合」の看板を降ろしちまうと格付けに響くんだわ。そして格付けを落とされると株価なんてアッという間に暴落しちまうのよ。トウツウの株は暴落する程の余裕もねえからな。暴落しちまったら額面割れよ。そんなことになったら銀行からは資金面で締め付けられて人を送り込まれるわで崩壊しちまうわけよ。そんなわけで重工業は実質は潰しちまう、でも総合商社って言える程度に少しだけ、体裁だけ残しておきたいってえのが実状だろう。

［で？　どういう舵取りするんだい］

「重工業は潰せ、体裁だけ残せ」作戦は分かったけど一体この先どうするんでい、ってのが俺ら下々には全く分からねえんだよな。ホンマに会社を潰すつもりじゃないってのは分かるけど徹底的に人減らしをして実質は専門商社になって独自で生き延びるのか、それとも贅肉を落として他社と合併するのか、そのための人減らしなんか、さっぱり分からねえんだよな。この本が世に出た時は結果も出ちまってるだろうけどな。

しかしね、最近は情けねえくらい細けえこと言い出しやがんの。会社で、各部で日経（日本経済新聞）とか日刊工業新聞とか取ってるけど全て廃止するんだと。経費節約の一環だってよ。って回覧が全社員に回ったぜ。ところが本音は経費削減なんだけど取って付けたような補足が来たぜ。「経費削減が真の目的じゃない」「今や情報化の時代である。新聞を読むのでは遅い。インターネットで新聞の情報をいち早く取らねばならない」「だから廃止した」「かような事情を理解し新聞は自宅もしくは通勤途上で読んでくること」ってえ補足説明よ。しかしよ日経くらいはともかく誰が専門紙の工業新聞を自宅で購読するんでい。自宅ってのは家族がいるだろ、嫁さんとかガキが工業の専門記事を読んでどうすんだよ。鼻たれ小僧のガキが工業新聞を読んで「お父さん、南部工業と曽我化学が提携するんだね」って言うんか。そして嫁さんが「マサオちゃん、それはね両社が株式を持ち合って――」ってえ会話で一家団欒になる……かってんだよ。

今日、来た出張者が「本社の締め付けはエゲつなく厳しくなりましたで」って言うとった。これがまたエゲつないと言うか細けえつうか。仕事で外出するのに電車に乗るわな、その電車賃ってのは本人が払って後で交通費ノートに付けて清算して金が戻ってくるんだ。その電車賃を事前承認を取れって言うんだとよ。二～三百円の電車賃を誰が一々、事前承認なんか取るかって。結局、時間もねえし面倒ってんで自腹になっちまうってよ。と言って事前承認の申請なんてすると一々、申請するような時間の余裕があるのか、緊急じゃねえんだろ、ってこたあ重要でもねえだろ、とか嫌み言われて結局は自腹になっちまうだろうなって。タクシー使う時は、どうするのかって？　あ、あ、あほ。電車賃さえケチるんだぞ、タクシーなんて言っただけで極悪人扱いでペケポンの前科一犯よ。

ま、こんな細けえことはいいわさ、笑い話で済むからな。もっとショッキングなことがあるんだよ。今までは四五才以上って条件付けて転籍させてたけど「年齢制限なしで全出向者に対して転籍求む、割増し金は現在の年収の一年分」って出たぞ。そしてもっと強烈なのが出た。転籍ってえのはトウツウの関連会社に行くってことで職探しはしなくてもいいのよ。ところがこの通達は「転職希望者求む」ってんだよ。「転職」だ、自分で次の職を探せってんだよ。しかも××才以上が対象ってんだからな、割増し金は現在の年収の1・×倍だってよ。まあね、希望者って言ってるけど指名になるのは見えてるんだよ。「四月からは年棒制になって実質年収が下がることもあるよ」「君はラインじゃないから、いい目はないよ」って圧力かけてやむなく希望させてまうって戦法が見え見えなんだよな。こりゃあ、俺がいつも言ってるんだけど無差別送別会をやらにゃいかんだろうな。いつ、なんどき、誰がいなくなるか分からんから出席者全員がゲストの送別会よ。

しかしなあ、雇用責任ってのはどうなるんだろうね。入社する時に会社には人を選ぶ権利があるけど、こっちにも会社を選ぶって権利があったんだぜ。俺なんか四菱を断ってトウツウに入ったんだぜ——嘘や。な、ことあるわけねえじゃん。まあね、やっとこ入社できた奴が多いかもしんない、実際は選ぶ権利は俺らには無かったかもしれねえ。でもな××才で辞めてくれって言うような会社だったら入らねえ方が幸せだったじゃねえかよ、エッ！　それとな全社員が言うとんねん「社員ばっかりじゃなく役員も減らせ」ってな。「社員をどんどん斬って縮小して所帯も小さくなってんだから役員だって、そんなに要らねえじゃねえか」とも言うとるんやでえ。全社員の影なき声の大合唱！

それとね、これは俺の持論だけどよ役員にはもっと体はって貰わんといかんわな。会社がコケたら全てを失う、業績が悪けりゃ資産が減るってえ必死さが、ねえんだよ。具体的に言うとだな役員になる時は一旦、退職金を貰うわな。その退職金を貯蓄なんかするなってんだよ。役員になりゃあ生活に困らねえくらいの報酬もらうんだからよ。退職金は全部、株にせないかんぜ、株券で支給だ。どこの株でもいいかって？　ばかやろ、自社株に決まってんじゃねえか。株券で支給して役員を辞めた時に金に換えりゃあいいんだよ。資産を増やす為には業績を上げて株価を高くしなきゃなんないって必死にならにゃいかんのよ。「株価が下がったら資産が減る。退職金が目減りする」って言うような奴は役員になる資格なしだ。その点、中小企業のオーナーってのは必死だと思うね。金に詰まりゃ、てめえの家を担保にして金を工面するだろ。サラリーマン役員でそこまでやる覚悟の奴が何人いるんだよ。金に詰まりゃあ無配にする、債権放棄してくれーでションベンだろ。貧乏人がペーペーから成り上がってトップになるってのが日本のサラリーマン社長だ。苦節ン十年でトップになると、その座にしがみついちまうんだろうな。週刊誌情報だと役員賞与ってのはまず社長が半分とる、残りの半分を副社長で分ける、その残りの半分を専務連中が、ってえ分け方らしいからな。上に行く程、取り分が多いからしがみ付いちゃうんだよな。

それとなトップを取ろうって野心のねえ奴ばっかりってのも害だね。上を狙う器量も度胸もねえって小心者が多いから一年でも一日でも長くそのポジションにいたい。その為には権力社長の機嫌を損ねたらイカンってんでイエスマンと茶坊主ばっかりになっちまうんだよ。別に今、始まったわけじゃねえんだけどな。十五年前の下山社長の頃もそうだったよ。当時、下山がジャカルタに出張したんだわ。そん時の事前打ち合せもバカとしか言いようがねえのよ。ペーペーの俺も担当だったけどな。ジャカルタの宮本所長から「注意事項を詳しく連絡されたし」ってテレックスが来たんだわ。それに対して俺は秘書室から指示された通り返事したぜ。「下山社長はカラオケが好きだから全駐在員出席で夕食会兼カラオケとすること」「最初に二〜三人、下手な者に歌わせること」「下山社長の十八番は〝さざんかの宿〟と〝みちのく一人旅〟だから、これは絶対歌わないこと」てな注意事項よ。でもな、その次の年に宮本は覚え目出度く役員になりやがったぜ。

な、バッカみてえだろ。皆、腹の中ではアホらしと思ってても言えねえんだよな。ノーと言えない日本人ってのはホンマやなあ。ノーと言ってクビ切られても生活できるくらいの生活保証でも与える方がいいかもな。

［切り売り合併？］

今の流れから行くと、どんな形か分からんけど他社との合併かなって皆、思ってるぜ。一昔前は合併ってえとショッキングでビッグなニュースだったけど世の中も変わってるし俺ら社員もそういう時代だって洗脳されちまってるから、合併当たり前って雰囲気になってきたね。会社ってのはメインバンクってあるわな。で、たいていのとこはメインバンクの顔色を伺ってるし実質、牛耳られてるとこも多いわ。商社も同じよ。財閥系は別にして他はみな業績悪いし資金繰りも大変だから銀行の意向って強いんだわ。銀行自身もバブルでやられてヒイヒイ言ってるクソ銀行が多いけど、あいつらは大蔵（現・財務省）には公的資金導入とかで米つきバッタだけど企業、商社には高飛車ウオッホンなんだよな。

トウツウのメインバンクは和光銀行なんだわ。去年の五月頃、商社も時価会計への対応とかで運営計画とかをトウツウが和光に提出したんだと。俺なんかぺーぺーだからその現場にはいねえぞ、だから聞いた話だ。で、それを受け取った和光の奴が「駄目だ、こんなもんじゃ」つうて放り投げたんだってよ。「失礼な真似、すんなや」とでも言やあ「おっ、なかなか、気骨がある」ってもんだけど投げられて散らばった書類をトウツウの役員のフニャ彦（本名は冬彦だけどフニャっとしてる）が床を這いずって拾ったんだとよ。ケッ、情けねえ。

和光がメインになってる商社はトウツウの他にもう一社あるんだわ。東商ってとこで大手六社にドン尻ながらも入ってるとこだ。東商ってとこはバブルとか事業投資で大きくやられて金がまわらなくなって和光から八千億円の緊急借入れをしたんだな。でも野武士集団みてえな商社だから収益力はトウツウの倍くらいあるのよ。銀行も今や冬の時代で厳しいだろ、自己資本率の規制とかで不良債権はバンバン切ってるわな。そんな時代だから和光にしても商社を二社かかえてるってのはシンドイのよ。だからこれを一本にしたいってんで合併させてえんだな。合併させられる方にしてみりゃ吸収されたくない、主導権を取りたい、自分とこが存続会社になりたい、最悪でも対等合併、つう思惑があるから俺らぺーぺーの知らねえとこでせめぎあいしてると思うぜ。

財務内容はエエってのがトウツウの強みで経済誌なんかでも、そう評価されてっけど、でも合併ってなったら東商が残るんじゃねえかって不安がトウツウにはあるんだよな。何故か？　東商は財務内容は悪いけど商権とか収益力はトウツウの倍くらいあるんだよ。それに引き換えトウツウはバブルん時、何もやらなかったから財務内容がいいだけで商権は乏しいし収益力も弱いんだな。

この両社を比べると和光から見ると東商のが魅力あるだろうな。銀行ってのは金貸しだけど商売には疎いんだよ。てえと商権、収益力のある東商のが魅力あるってわけよ。財務内容が悪い？　な、もんは和光が人を送り込んで改善も管理もできるからな。そういうのは銀行の得意の分野だしよ。だから東商のが魅力あるんじゃねえかなっての。だってピッタリの組み合わせだろ。商権と収益力はあるけど金のねえ東商と、金はあっけど商売の下手なトウツウだからな。ま、商社なんて銀行から見れば企業舎弟なんだよ。しかしよ、この「なりふり構わず合併作戦」は確実に進んでるんだよ。トウツウは分社化とかカンパニー制とかで会社を三つに分けたんだ。生活産業品・エネルギーカンパニー、繊維・木材カンパニー、重工業カンパニー、に分けてそれぞれ、二百億円の資本金なのよ。この三つに分けた時にアア合併への布石だなって皆が思ったね。

生活産業品とか繊維、木材なんてえ部門は食えてるんだけど重工業がテンコ盛りの損をコイてて評価損なんかいくらあるのか分からねえって状態だからな。だから全部を一本で締めると重工業のテンコ盛りのクソの為に会社としてはマイナスに近い。だから売り難い。て、ことで売りやすくする為にいいとこと悪いとこを分けとこって発想なのよ。腐りかけてるマグロだからマグロ一匹としての商品価値は無いけどバラ売りにすりゃあトロとして売れる部分もあるってわけよ。ハハーンない知恵絞って考えたなって思ったけど東商も同じようなことしてるらしいで。

部門制とかで九部門に分けたってよ。うちの三部門に対して九部門だ、向こうのが商売人かな。トロでもパーフェクト・トロ、まあまあトロ、ぎりぎりトロ、とかに細かく分けるんかいな。そうすっと悪い方はどういう分け方すんだろうな。再起可能性小、再起困難、再起不能、産廃扱い（引き取るなら金つける）とかの分け方するんかな。トウツウの場合は産廃扱いは重工業カンパニーなんだよな。元副社長の井川のクソ・タコが不良債権隠し方針と行け行け方針でやった評価損が何ぼあるか分からねえってんだからな。だから三カンパニーに分けた時にアア重工業は見捨てるんだなって皆が思ったね。だってよ、重工業ってのは大型商売が多いから資金もかかるんだよ。まいど！　とか言って商人みたいな売り方の繊維なんかとは使う資金の量も違うんだよ。それが各カンパニーが一律の資本金ってことで分かるわな、アア潰すつもりだって。

しかも笑っちまうぜ、重工業は取れない未収(取れなきゃ損金)が多いんで資本金を貰った瞬間に資本金がなくなってもうたって状態だったらしいってんだからな。こうやってマグロ切り売り作戦が始まったのが二〇〇〇年の四月だ。そしてトロが売れたってのが七月よ、スピードの時代だね。トウツウの建設ってのがトロなんだな、そして子会社としてトウツウ建設ってのがあった、これは建設部門の稼ぎ頭部門だ。このトウツウ建設が東商の建設部門の子会社の東商建設と合併したぜ。しかしショックだったね、俺ら社員の大半は合併のニュースを新聞で知ったんだぜ。ここジャカルタにも建設からの駐在員がいるよ、なのに何ぼ緘口令が敷かれたつうても新聞で合併のニュースを知るんだからな。しかも建設はトウツウでは極上トロだったんだよ。業界でも上位ってんで自信を持って合併のマウンドに送り込んだ第一号のトロなんだよ。先手必勝で勢いと勝ち癖を付けておこうってんでな。

ところがこの合併は勝ったと言えるかどうか分からねえんだな。ハッキリ言うと負けだろうよ。合併新会社の社長はトウツウからだ、でも役員の数は対等だ。致命的なのは株式だな。東商が五一パーセントでトウツウは四九パーセントだからな。株式会社なんだから過半数を取られたってのはどう見ても負けだわさ。それまでは和光銀行系の商社はトウツウと東商だから東商との合併って思ってたのに様子が変わってきたね。和光が銀行再編とかで西海銀行と合併しやがんの。で、西海系にもセイメンって商社があるんだよ。しかもセイメンは自力で生きていけなくて超大手自動車メーカーの専門商社の豊川通商（豊商）ってとこと提携してるんだわ。

てなことでトウツウ、東商、セイメンの三者まとめてガラガラポン合併プラス豊商って図式にもなってきたぜ。そして、この図式でまたまたショッキングのトロばら売り合併をやったぜ。これも皆、新聞で知ったよ。トウツウの生活産業品部門とセイメンの生活産業品部門が合併したんだわ。今だから明かそう的に聞こえてきた噂スズメの話だと合併の最終調整とかで、生活産業品の関係者は土日も祝日も出社してたんだと、尋常じゃねえよな。それでも新聞発表まで噂すら聞こえてこねえんだぞ。そこまで緘口令が徹底されてたんだぜ、怖いと思わねえかそういうのって。戦時中の大本営みてえだろ。んん？

［東商のデカチ×ポ］

和光がトウツウと東商のメインバンクってのは昔からなんだな。と、言っても昔ってのはノドカな時代で皆、食えてたから合併なんて誰も思ったことなかったね。急激化したのはここ二〜三年のことよ。なんつうても大きな総合商社が一遍にガラガラポンってのも難しかろってんで本部単位とかでの部分部分ってえか局地戦ってえか個別にやってくってのが商社合併の流れかな。てえいう流れだと思うんだけど、東商の取締役でアジア総支配人の杉野ってのがトウツウの海外店に「一緒にやってこう」コールを呼びかけてきたんよ。この杉野ってえ支配人はジャカルタに本拠地を置いててタイとかフィリピンとかマレーシアとかのアジア地域を管掌してるのよ。「一緒にやろう」コールはフィリピンで始まりタイを経てジャカルタにも来たんだわ。杉野から我が方、トウツウ・インドネシアに電話があったのは去年の八月だったたな。我が方の川本つう社長あてに「親睦会で飯でも」ってえ電話だ。その時、川本は休暇で日本に帰ってたんだわ。電話を取り次いだ町崎が「川本は休暇」って言ったんだけど、そこが野武士商社だね。「ア、そうですか」とか「お帰りになったらコールバックを」なんてもんじゃねえんだよ。「いつお帰りですか」の後に「お帰りになった後のスケジュールを調べて下さい」だと。町崎が「帰った後は特にスケジュールは決まってない」って言ったら「そうですか、じゃあ、今、決めましょう」とか言って晩飯懇親会の日程を勝手に決めちまいやがんの。うちらは、お坊ちゃま君集団だから、ここまでやらんもんな。こうして晩飯懇親会となったんだ。

出席は東商は杉野を筆頭に三人、トウツウは川本と俺と町崎の三人だ。俺も町崎も一応という形容詞が付くけどトウツウ・インドネシアの取締役だ。場所は東商がアレンジした、ホテルの中華レストランの個室だったな。俺らは少し遅れた、連中は揃って待ってた。お互い知らない仲じゃないから「いやあ、どうも」とかのやり取りで始まったよ。そして東商の杉野が声をひそめてつう感じで言ったね「こんなとこを他社に見られたら何、言われるか分からんですな」だと。初っ端から先制しやがんの。飯食いながら、そこそこ世間話が弾んだけど、こっちは身構えてたんだわ。そしたら、きたね。「お互いメインが和光さんだし知らない仲じゃないし、一緒にやれるものは一緒にやっていきましょう」『四菱とか四井と組む気は無いけどトウツウさんは身内みたいなもんだから」とかの言い方で始まったね。

「まずはうち（東商）の概要を説明しますわ」とかで鉄鋼・機械・化学品・繊維なんかの年商とかプロジェクトの内容とかを詳しく言うのよ。東商はインドネシアに一千億円くらい投資してるだけあって年商もうちと一桁違ったね。唯一、勝ってるのは繊維だけだったぜ。そんな状況だから「で、トウツウさんは？」って言われて川本は一瞬、言葉に詰まったね。でも何か言わなきゃってんで年商はサラっと言ってあとは「大東自動車との合弁がある」とか「病院のプロジェクトもやってる」とか言うとったよ。うちはインドネシアではプロジェクトなんてほとんどないんだけど目一杯背伸びして言ったんだ。ところが背伸びまでして全部以上に言ってるのに謙遜して少ししか言ってないと思われたね。そして「トウツウさんも、いろいろやってるんでしょうな。今、言われたのは一部でしょう」だと。

その時、俺は思ったね、お互いがマラ比べする場面をな。相手が予想以上にデカいのを出したんで、こっちは出す前に必死に擦って勃起させて出したんだな。ところが盛大、勃起させてるのに「トウツウさんも勃起したらさぞデカいんでしょうな」って言われたみてえなもんよ。ま、この類の笑い話はよくあるよな。ネエちゃんと汗まみれでやってて「むふふ、俺のはどうだ」って言おうとしたら「ネエ、指はそれくらいにして、早く」って言われたとかかな。そんな具合で始まった東商インドネシアとの懇親会だ。それ以来、東商のデカチンって言ってるんだよ。でもな何ぼ懇親会って言っても東商の杉野は本社の役員だからな。一緒にやろうコールも自分一人の意見じゃなく本社の意向を踏まえた上でのことじゃねえのかって思ってるぜ。本部単位での合併、局地で合併、てえとアジアはアジアの中で合併、んで局地と局地がくっついて結局は全部がくっついたなんてことになるんじゃねえのかと思うとるわけよ。

この懇親会は二回目が十一月にあったぜ。東商から「そろそろ第二回をどうですか、今度はトウツウさんのアレンジで」って催促されたのよ。でも二回目の時はもう無礼講を通りこして傍若無人つうた方がいいな。東商の杉野の独り舞台でよ。「トウツウさんは大東自動車との合弁がありますよね。ここにウチの扱ってる物を入れてもらえますかな」とか「繊維だけはトウツウさんの足元にも及ばない。トウツウさんの下で何かできませんかな」ってな調子よ。東商の繊維担当の古河が同席してたけど「古河君、トウツウさんに何か商売もらったらどうや」なんて言うとったで。今回も晩飯懇親会の延長って思ってた俺らは口アングリだったね。なーんか、見合いの、かしこまった席なのに紹介と世間話が終わったくらいのとこで、いきなり乳もまれてスカートん中に手を突っ込まれたってな感じだったね。「ま、一緒になるんだから。味見、味見」って言われてよ。この東商の杉野とはよく日本飯屋なんかで会うんだな。だけど懇親会以来、会うと「ヨッ」てな感じで手を上げるんよ。感じとしては部下に対して気さくに手を上げるボスってなもんだ。おいおい、まだ合併してねえぞ、別の会社だぜ。

第二章　あの人、このバカ、あの事件

会社勤めも三十年もやると、いろんな奴がおったぜ。アホな上司、情けない課長、天皇と呼ばれたくらい権限を持ってた部長、金を取り込んだ奴、懲戒免職になった奴とか、いろいろいたぜ。そのへんのとこの総特集をやってみようかいな。ま、総じて昔の上司ってのは偉そうに見えたね。俺らが新人の頃は上司ってのは年が離れてたから、そういう印象もあったんだろうけど今よりも権限あったのも事実だろうな。昔の部長ってのは人事権も持ってたしそれなりだったたと思うぜ。今は人事権なんてのは本部長かヒラ取より上の奴だもんな、もしかすっと、こいつらにもねえもんな。今の部長ってのは昔の課長程度、今のヒラ取は昔の部長程度の権限じゃねえかな。んん、インフレってやつだな、権限も目減りしたんとちゃうか。てなことで三十年前にさかのぼって時系列的（の必要もねえけど）に始めるか。

［迫力あったな小森天皇］

入社二年目に配属されたとこは鉄鋼輸出部だったぜ。二五年前ってのは「鉄は国家なり」なんて言われてたから勢いも良かったぜ。経団連の会長なんてのも当然の如く鉄鋼メーカーだったね。なんせ鉄の輸出ってのは日本の独壇場だったもんな。韓国の浦項製鉄なんてのができたのは、もっとずっと後だ。世界中が伸び盛りってな具合で鉄鋼が足りない、供給できるのは日本だけ、おまけに日本製は品質がいいってんで輸出も急成長だったな。そんな状況だから大手鉄鋼メーカーなんてのは後ろにひっくり返るんじゃねえかってくらいふんぞり返ってたぜ。買いたいって客が世界中にいるんだから鉄鋼メーカーなんて殿様商売よ。お客様は神様？ ふん、てなもんよ（すまん、三波春夫）。今の時代は売りたい奴が客のとこに出向いたりマーケット・リサーチとかするけど当時の鉄鋼メーカーは買いたきゃ来い、話を聞いてから考えたる、でも気に入らなきゃ売らねえぞ、てなガンコ寿司スタイルだったな。

そんなわけで俺らもメーカーの奴とアポ取るだけでも大変だったぜ。なかなか、アポも取れないからって事務所なんかにいると小森天皇がわめくのよ。「おらおら、事務所に居たって商売できねえぞ。外へ行け。メーカーと飯でも食うとか工夫しろ」（ほぼ、本人口調の原文通り）。しゃーねえからアポが取れねえ時は外へ行ってサテンで時間潰したりの時間差攻撃よ。てなもんだからメーカーの担当を昼飯にでも誘ったら大したもんだってな目で見られて交際費の伝票なんか堂々たるもんだったね。今は千円以上は書いたもんで事前申請なんて様変わりだけどよ。しかしよ、メシに誘い出すだけでもホンマ大変なのよ。四菱、四井、各商社が「是非、メシでも」って誘うんだからな。そうやって苦労して見積もりを貰うんだな、でも見積もりを貰ったら商売できたのと同じなのよ。とにかく買いたいって客ばかりだ、客ってのは海外だからトウツウの海外店の鉄鋼の担当にテレックスで売り値とかを連絡すりゃあいいのさ。最初は売り値をキチっと計算して出してたんだわ。メーカーの見積もりに運賃を足して保険とか諸チャージとか利益を足してな。でも値段が何ぼでも売れるもんだから途中からは細かい計算なんかしなくなったよ。えーい、五割乗せとけってなもんよ。

それでバンバン商売が決まる、売り上げも利益も社内で段トツだから小森部長なんて肩で風切ってるし部内では天皇だったね。新入社員への教育にも力を入れて〝おられたね〟。「いいか、テメエら」ってな調子で始まって「「鉄鋼は儲けてるんだ、会社を支えてるんだ、大きな顔をしろ肩で風切って歩け」。「廊下で他の部の偉い奴とすれ違う時は道を譲るな、真ん中を歩け」ってなもんだったね。見てくれも怖いけど口の利き方も怖かったぜ。元海軍だから（この当時は、こういう人がいたんだよな）縦の序列は絶対と思ってるもんで俺らペーペーは奴隷の如く扱われたもんな。よう怒りやがるんだわ。俺と同期の石丸は「歩き方が靴ペタペタさせてうるさい」って怒られたっけ。俺はマージャンの集金で怒られたぜ。上手くねえんだけどマージャン好きなんだ、小森天皇は。で、月極めで集計して集金するのが俺ら若手なんだよ。小森天皇が勝ってる月はホッとするけど負けてる月は気が重かったね。集金なんてのは就業時間が終わってからのがいいだろと思って五時過ぎに行ったら「夕方ってのは忙しいんだ。こんな時間に来るな」、んじゃ、ってんで次の朝九時前に行ったら「ばかやろ、朝から来るんじゃねえ」てなもんよ。くっそ、このタコ坊主、いつ来りゃいいんでいって思ったね。しかも天皇だけあって取り巻きの茶坊主が多いんだよ。課長代理くらいの取り巻きが小森天皇が今月は負けてるとなると何とか挽回させようと必死だったね。その当時は土曜日は半ドンだったんだわ。で、十二時前くらいに森北って課長代理がよくメンバーを集めに来たぜ。天皇とやったって気つかうばっかりで疲れるから、やりたないわな、だから断る。するってえと「何を言ってるんだ。小森部長がやりたいと〝おっしゃっておられる〟んだぞ」だぜ。〝おっしゃって〟〝おられる〟、な、天皇だろ。仕方なく引き込まれたことも何回もあるぜ。森北なんて天皇に勝たせるのが目的だから天皇が当たり牌を振っても知らん顔してるね。んで俺が振ったら「出たあ」とか言って当たりやがるんだわ。こんな調子だから三対一でやってるようなもんでメチャ不利だったぜ。二子山勢に総がかりで来られる孤軍奮闘の曙みてえなもんよ。その曙も遂に引退しちまったな。

ま、仕事でも猛威を振るってたぜ、この天皇は。熊本って副部長がいたけど副部長でも上級奴隷扱いだったな。「熊、クマ」なんて呼び捨てされてたっけ。「くま、何だこれは。こんなことも知らんのか。経理に行って聞いてこい」なんてどやされて「ハイ！」なんつうて新入社員みてえに走っていったもんな。こんな調子だから天皇が海外出張なんてえとウワーイってなもんで皆が浮かれてたね。先生が風邪でお休みだから自習って言われてハシャグ小学生みてえなもんよ。熊本は一応は副部長だからナンバー・ツーよ。天皇がいない間は自分の天下ってなもんで土曜日の昼にスシなんか取っちゃって「みんな、集まれ」ってなもんで大宴会だったね。俺の一年上に伊藤って要領のいい奴がいてな、この大宴会の時に「熊さん、熊さん」って盛大騒いで突然おとなしく黙り込んだんだ。いっときとは言え親分気取りの熊本が「伊藤、どした。急に静かだな」って言ったところで神妙な顔で「交際費をだいぶ……使って……溜まって……」つうて悲壮な顔して俯きやがんの。エエ調子で親分してる太っ腹の熊コーだ「しゃーねえな、小森さんが帰ってくる前に処理しとけ、すぐまわしとけ」って。伊藤は、やったあ、成功って笑いを噛みしめながら「あーりがとうございます」って元気よく言ってたわ。

こうしてノボリ龍の小森天皇は役員になったね。でもその後は景気の陰りもあって下り坂だったな。不良在庫をようけ抱えちまって、その追及から逃れる為に用もないのに逃避の海外出張が多くなったわ。仕事と健康ってのは連動してるんかな。仕事が落ち目になったのとガンになったのと同じ時期だったな。退任前は土色の顔してたわ。そして退任して間も無く亡くなったな。でも亡くなって二十年以上経った今でも語り継がれてるトウツウの歴史に残る一人だな。

［情けねえ課長の下だとワリ食うぞ］

俺のいた課はどちらかってえと主流じゃなかったんだわ。だから課長もあんまり発言権なくてな。もちろん、小森天皇以外は皆、庶民てえ部だけどよ、それでも課長同士での上下はあったな。俺んとこの大沢って課長は主流じゃねえし天皇の取り巻きでもねえんで発言権は弱いという致命的なハンディがあったね。こういうハンディってのはサラリーマンには大きいんだよ。そんな状況下で俺んとこの課とヨーロッパ担当の課が合同でやった商売があったんだわ。エース的存在だったヨーロッパ担当の課は課長代理の森北が牛耳ってたね。エース的存在の課の課長代理ってのは主流じゃねえ課の課長よりも幅きかしてんだよ。んだか森北の野郎が大沢を差し置いて俺に指示してたんだわ。

忘れもしねえ一九七六年の年末だ。合同でやった商売の最終決定の場面になったんだよ。森北が仕切るってんで大沢は年末の休みをキッチリ取ったんだな。俺は出社させられて森北の指示で契約書を作って出した。言うとくけど俺なんてペーペーだからな言われた通りに作っただけだぞ。ところが、この契約に不備があって年明けになって三千万円の損が出ちまったのよ。当時の三千万円つうたらゴッツイ金額よ。さあ、それからが大変だ、小森天皇は怒りまくったね。何でや？　誰や？　ってんで戦犯追求よ。俺は直属の課長の大沢にキッチリ説明したぜ、これこれシカジカ、森北の指示通りやったってな。二週間前のことだしデケえ契約だから記憶もハッキリしてるわさ。ところが大沢は、よう小森のとこに行かないし行っても満足な説明もできねえから俺の説明なんかほとんど天皇に届いてねえんだな。一方の森北は取り巻きだから上手いこと説明しやがったんだろうな。時間が経ったら吉田君(俺や)のチョンボみてえになっちまってやがんの。森北の野郎なんてシャアシャアとして「頑張って稼いで取り返しましょう」なんてノタまってやがったぜ。完全な冤罪よ。三十年後にトウツウ・エクスポート・インドネシアの社長になった俺はクソ魚粉での大損の責任取らされて冤罪ってわめいたけど、可哀相によ入社二年目で冤罪くわされたんだぜ。

そして事件のほとぼりが冷めた三ヶ月くらい後に大沢から北九州の出張所に転勤って言われたね。大手鉄鋼メーカーの工場が北九州にあったから鉄鋼輸出部から交代で一人が常駐しとったんよ当時は。でも田舎だからな、そこへ行く奴は島流しみてえなもんだ。そうか、あの三千万円の落とし前かいなと思ったから俺は断ったよ。「あの件は一切不問ということになったと聞いてます。が、北九州に行けというのはアノ件の責任を、というふうにしか思えません。だから断ります。他の部に出して頂いてけっこうです」って言ったんよ。

なんせ入社二年目だからどこの部でも行けるってえ気があったし当時は若手ってのは経費も安いってんで引く手あまただったからな。北九州に飛ばせってのはクソタコ小森の指示だ。大沢は単なるメッセンジャーよ。だから俺にキッパリ断られた大沢は小森天皇に何つうて報告しようかって悲壮な顔してやがったな。しかし同情なんてしねえよ。それどころか俺は腹ん中が煮えくり返ってたからな。バカヤロって思いながらふて腐れてプカーってタバコ吸ってたぜ。意を決して大沢が天皇に報告に行ったわ。会話は聞こえねえけど大沢ペコペコで天皇は凄い目つきで俺の方を見てやがったな。そしたら次の日に大沢は俺の同期の井出に北九州の話を強引に持ってってたね。俺は井出が気の毒だから「じつは」って顛末を教えといたんだわ。でもどちらかってえと大人しい井出は北九州に赴任してったんだ。

俺が断った腹いせもあるんだろう、それと北九州の島流しは辛かろうってんで北九州にお務めに行った奴は海外に出したるって褒美が付くようになったね。なんせ、この時代は海外に駐在ってのが憧れでエリート・コース的でもあったからな。しかし俺に対するあてつけでの副産物の褒美だけど、北九州の懲役を務めたら褒美ってのはヤクザの発想だわさ。それだけに報復も受けたね。断った次の日から仕事ぜーんぶ取り上げられたぜ。会社へ来ても何もやることがねえんだよ。泣き入れるのは腹たつしよ、どちらかというと右翼の俺は開き直ったね。会社へ来てその辺の新聞を隅から隅まで読んでサテンに行ってチャかまして昼飯の後は昼寝して四時くらいからメンバー集めて五時からマージャンって生活だったな。あまりにもヒマで少年マガジン読んでた時もあったぜ。これは注意されたな。森北の野郎が「何してんだ」って言いやがるから「まんが読んでるんすよ」つうたったよ。俺が頭にきてるってのを感じてやがるもんだから何も言わなかったけどな。こうして一ヶ月が過ぎたところで今度は大阪に転勤ってきたぜ。大阪なら本社だし、このへんが潮時かなと思ったから受けて大阪の鉄鋼輸出部に転勤したぜ。天皇の手の内からも出たかったしな。

［永久の恩人、森永部長］

こうして若くして冤罪をしょわされたトウツウのジャンバルジャン（俺や）は大阪に高飛び、じゃねえ、赴任したんだ。大阪の鉄鋼輸出部にな。ここには森永さんって部長がいたね。鬼の小森、仏の森永ってくらいに言われただけあって人情味のある温かい上司だったな。冤罪をしょわしやがった鬼の小森に比べりゃどこへ行ってもこれ以上悪くなることは無いって思ってたから、より感激したんだな。海軍あがりの小森みてえに人を奴隷扱いなんかしないわさ。「おまえ、このバカ」なんて怒り方もしないわさ。大阪では東京みたいに大きい商売じゃねえから部長が乗り出すとか指示、檄を飛ばすってことも、そんなになかったな。だから怒られるってこともほとんどなかったぜ、叱るって程度だ。「なーんだ、駄目じゃないか、気を付けろよ」ってな。森永さんは東京から単身赴任で来てたから俺と一緒に宝塚の寮住まいだったのよ。しかも息子さんが俺と同い年ってこともあってホンマ可愛がってくれたぜ。今の時代だとエコヒイキってくらい可愛がってくれたな。人間なんて動物で犬と一緒だからな可愛がってくれりゃ、より一層なつくわさ。寮で一緒だから飲むし風呂入りゃ背中流すし雨が降りゃあ「俺。車で行きますから」つうて会社まで俺の車で行ったりしたな。飲んでる時に冤罪しょわされた話もしたよ。「二度と、あんなとこ帰りたくないすよ」って言ったら一言「東京へ出張したりしても小森のとこに行くな」って。俺は忠実にその一言を守ったんだわ。そして二年後、森永さんは東京へ帰ることになったのよ。寂し――――くなかったね。何故か？

ジャジャジャジャジャーン。森永さんは取締役になったんだわ、非鉄金属本部の役員になって東京へ栄転したんだよ。そして次の年に俺も東京へ転勤になったんだわ。「おーい、俺んとこへ帰ってこい」って森永さんが呼び戻してくれたのよ。東京で非鉄金属部と鉄鋼輸出部は同じフロアーだったから小森とも顔あわせたぜ。「一遍も俺んとこへ来ず、そっちへ行きやがったか」ってな目で見てやがったけど「ふん、もうテメエの手の届かねえとこだ、治外法権でい」って余裕を持ってたね、俺は。こうして東京の非鉄金属部に戻ってすぐに結婚したんだわ、相手は大阪の鉄鋼輸出部にいた美人で評判のいい加代子だ。森永さんも良く知ってるんだ。仲人を頼みにいって「俺、結婚します」「ほう、そうか良かったな、社内か」「ええ、大阪にいた一力加代子です」「おお、いつの間にできたんだ」とかの会話から「こりゃあ、仲人は俺しかいねえな」「もちろんそのつもりです」ってことで仲人してもらったのよ。非鉄金属部には転勤したばかりだから見習い生みてえなもんよ。の、くせ、しょっちゅう森永さんに呼ばれて打ち合せしてるから他の連中は何やろと思ってたろうな。打ち合せたって「社内の誰それは呼んだ方がいい」とか「主賓は誰にするか」とかでオヤジみてえなもんだったたな。くくく、「小森は呼ぶのか」って聞くから「呼びませんよ、あんなの」つうたら「うん、うん呼ばんでいい」って。今のヒラ取なんて権限もないけど当時の取締役ってのは偉大だったからな。その取締役が俺のことを息子みたいに可愛がって仲人までしてるんだから俺にとっては非鉄金属時代はパラダイスだったね。会議があるのを忘れて午前中休んじまった時も「どうしたんだ」って聞かれて「朝、乳くりあってて、やりたくなって」つうたら「ばーか」の一言だけ。当時は休みの日なんかに呼ばれて森永さんとこへよく行ったもんよ。仲人だから森永さんの奥さんも俺らを可愛がってくれたしな。その頃はアルミの輸入が花形セクションでな「俺アルミやりたいっす」って言ったら次の週にはそっちのセクションに配属になったもんな。アメリカへ初出張の時も課長は時期尚早ってしぶい顔したけど「いい機会だ、行かしてやれよ。どうせ百万くらいだろ」ってえ森永さんの鶴の一声で行かしてもらったね。こうした楽しいパラダイスが三年くらい続いたな。でもその後で大事件が起きて森永さんは名古屋に都落ちしたんだわ。

当時、非鉄金属部で特殊な鋼（ハガネ）を輸出してたんだわ、メーカーは堀川ハガネってとこだ。ところがこの鋼が相手国で軍需用に使われて、それが新聞で記事にされたのよ。

その鋼ってのが砲身に使われてたんだな。その当時も今もそうなんだけど武器関連については通産省（現・経済産業省）の規制があるんだわ。武器関連の輸出三原則とか言うやつだ。武器そのものはもちろん、武器に使われる原材料の輸出もイカンって規制なのよ。これに該当するって新聞で叩かれたね。本当の目的を知っててやったんじゃねえのかってな。そしてよ新聞社の記者が汚ねえことしやがってな。森永さんとこに取材にきて写真も撮ったんだ、何枚もな。森永さんは礼儀正しい人だから記者が帰る時もお辞儀したのよ。その写真（お辞儀の写真）に「申し訳ないと深々と頭を下げるトウツウの森永取締役」って注釈つけやがってな。

何とか一件落着したんだけど、これが原因で森永さんは非鉄金属部の管掌を解かれて名古屋支社長になったんだわ。取締役では残ったけど名古屋支社長ってのは左遷なんだよ。それまでは取り巻きぶってて毎日のように「本部長、一杯どうですか」って言ってた部課長連中が手のひらを返す如く離れたね、やだね、そういう連中って。俺は森永さんは一生の親分って思ってたしオヤジみてえなもんだから「一緒に名古屋に連れてって下さい」って言ったんだわ。でも「駄目だ」って言われた。「なんで？」って言う俺に「俺は名古屋に行く、そこで終わりになるだろう」『お前のトウツウでの人生は長いんだから俺の道連れにはできん、そんなことしたら君の両親にも申し訳が立たん」「お前の気持ちだけ貰っておく、ありがとうよ」って。

六月の終わりだったな、森永さんが名古屋に赴任したのは。秘書に新幹線の時間と指定席を聞いておいたんだ、朝六時三十分の「ひかり」だった。六時からホームで待ってたよ、俺だけだ、誰も来やがらねえ。階段を上がってきて俺がいるのに気が付いた森永さんは「おっ」ってえ表情で「来てくれたのか。こんな早い時間に」ってニッコリしたよ。とめどない話をして発車時間になった。ドアが閉まる前に「体に気つけて、飲み過ぎないように」「おお、お前もムチャするなよ。今日はありがとうよ」って言葉を交わしたんだ。泣きそうな顔をしてたのが昨日のことみたいだな。発車してからトイレで泣いたと思うぜ。そして二年後に森永さんは退任したんだけど退任後、二ヶ月くらいで体の調子が悪いってんで緊急入院したんだ。「膵臓ガンで持って三ヶ月くらいなのよ」って奥さんに聞かされたな。見舞いに行って一ヶ月くらい後に亡くなったよ、五七才だった。泣いたぜ、オヤジみたいな付き合いだったからな。告別式の時に友人代表が詠んだ句を今でも覚えてるぜ。「死者老いず、生者老いゆく、悲しさよ」。葬儀の時に元気だった頃の写真を使うだろ。その人は永遠にそのイメージだけど生きてる者は年老いていくって詩だ。今みてえに不況でリストラだと時々思うんだ俺。ああ、森永さんが生きててトウツウの社長になってれば今みてえな冷や飯食わされることも無かったろうなって。心から合掌！

［中小企業相手は楽でエエで］

大阪には三年程いたけど楽だったな、パラダイスだったぜ。東京の時は扱う品目が自動車用の冷延鋼板とか特殊鋼とかで技術が要るもんだからメーカーってのも世界製鉄とか横浜製鉄とかの超大手ばっかりだったんだわ。だからいつもペコペコの米つきバッタしてたぜ。接待も男芸者よ、マージャンも勝ったらイカン、負けたら自腹ってんでストレスも貯まったぜ。その分、飲むから金は貯まらんわい。貯まるものと貯まらねえもんが逆になれいってわめいたね。接待マージャンしててよ横浜製鉄の課長が上天丼を食ったんよ、それ以外にも高いもんようけ食ったけどな。そんで半分くらい食ったとこで「おう、吉やん、この天丼うめえよ」つうて「食いなよ」って半分くらい食ったやつを寄越すんだわ。奇麗なネエちゃんの食いさしなら喜んで食うしドンブリ舐めて箸もしゃぶっちゃうけどよ、ヤローの食いかけの天丼なんか食いたかねえってんだよ。戦後の貧しい時代じゃねえんでいって腹の中で叫んで「うっす、光栄です」なんちって食うのも情けねえぜ。

そんな生活から解放されたばかりか逆に接待されるようになったんだよ。大阪の扱い品目ってのが針金とか鉄条網のワイヤーとか釘、ボルト・ナットなんかでな。メーカーは中小企業ばっかしなんだよ。こんな品目は今じゃアジアのメーカーも作らねえような労働集約型のもんなんだよ。しかし三十年前ってのは日本の企業が作って輸出してたのよ、そんなものをな。そういう中小メーカーが、ようけあるんだわ。輸出ってのは中小メーカーからトウツウが買って海外に売ってやるって図式なのよ。だから中小企業にとってはトウツウってのはお客様で神様なんだよな。なんせトウツウはどのメーカーから買ってもいいんだからな。てな、ことでよう接待してもらったぜ。自分がされると分かるけど接待ってのは一番有効で効力のある手段だな。しかも、こういう中小企業ってのはオーナー社長だから金も湯水みてえに使うし接待も桁違いよ。大会社だと課長が、部長がウルセーわな、相手は誰か、とか接待して何ぼの商売が取れるかとかよ。許可とったとしても桁違いに使うとドヒャアとか叫んで「よ、よ、吉田君」って吃りながら呼んで事情聴取の被疑容疑者よ。

その点、中小企業はエエで。オヤジ（社長）が勝手に使って伝票まわしゃいいんだからな。てんで協和鉄鋼ってとこからよう買ったね。どこのメーカーでもいいんだけど協和のオヤジはしょっちゅう接待してくれるんよ。製品は他より高いんだけど、なこたあ関係ないのよ。高い分は海外の客への売り値に乗せちまえばいいんだからな。なんぼ乗せたって買うって時代だったからな。とにかく協和からの電話だと会議中でも応対したもんな。「吉田はーん（典型的な関西のオヤジ）、今日、時間ありまっか」ってくるんだな。時間あるもなんも、他の約束あったって行っちまうぜ。「んじゃ、六時に心斎橋で」とか言って待ち合わせるのよ。「今日は何、食いまひょか」「スシ」つうてスシ屋に行くんだわ。で、スシ屋に行く途中でしゃれた洋品店なんかに入るんだわ。口べたオヤジだから「背広でも作りまっか」で高い生地のオーダーメードの服を作ってくれて、ついでにってんでワイシャツも仕立てて「ネクタイも要りまんな」ってネクタイも買ってくれちゃうんだな。で、スシ屋に行くんだ、もち、カウンターな。「トロでも切ってもらおか」から始まってイクラ、ウニ、おおトロ、冷や酒コップ、てなもんで暴れ食いの踊り食いよ。

付きだしつうて生牡蠣を二人前食ったこともあったぜ、この時は往生したね。実は牡蠣は駄目なんだよ、俺。ところがそれを知らないオヤジは板前に頼んじまったのよ。しかも「吉田はんは体も大きいし」ってんで二人前頼んだな、十二個よ。オヤジは牡蠣を嫌いな奴はいねえって思い込んでるし俺はタニマチというかスポンサーが盛大、気つかってんのに水さしちゃ悪いなんて思って言いそびれたんよ「牡蠣きらい」って。しゃーねえなってんで覚悟決めて十二個全部たいらげたけど苦労したぜ。嫌いなもんは嫌いで、どうしようもねえ。噛むとグニャってくるのがヤダってんで口に入れてビールでゴックン作戦でいったね。しかしよ一気にゴックンする為に牡蠣一個消化するのにビールをコップで一杯半を一気なんだよ。それを十二回やったね。しかもこの牡蠣を片付けないと次のトロに進めないし、やなものは早く一気にやってまおうってんで短時間にゴックンの連続よ。なんぼビールでも短時間だと酔うね。全部、片付けた時は腹がタッポンタッポンだぜ。ああ、俺の胃袋はビールの詰まったタンクでそこに生牡蠣が原形のまま十二個浮かんでるんかいなと想像したら気持ち悪くなっちまったよ。「ビールはションベン近いすね」つうてトイレに行ってゲエだぜ。牡蠣十二個は、そん時だけだ。飯が終わると次は超高級クラブのハシゴだ。オヤジは金を湯水の如く使うからどこへ行っても上客よ。その上客の大事な客ってんで俺んとこには店のナンバーワンのネエちゃんとかママが付きっ切りで持て成されたね。盛大、ハシゴして遊んで帰りは午前様だ。もちろん、ハイヤーで送ってくれるけどな。「じゃ、この車を」つうてハイヤーに乗るのよ。

ここからが貧乏タレのサラリーマンでな。当時、宝塚まで五千円くらいだったかな。ハイヤーを降りる時に運ちゃんが「金額を書いてサインしてくれ」って言うわな。んで俺は「一万円って書くから差額の五千円、俺にくれ」って交渉するのよ。で、キャッシュを五千円貰っちまうんだ、セコイね。しかしまあ、給料が十一万の頃の五千円だからこれが値打ちあるんだな。なんせ五千円を三回やって一万五千円になるとソープへ直行だかんね。てなことで、しょっちゅう飲み食いさせて貰って差額五千円だろ、おいしかったな。俺が大阪にいた三年間そんな生活が続いたね。オヤジのとこも接待効果でようけ契約取ったから儲かってたし景気良かったぜ。それでも針金とか釘とかは高度な技術のいらねえもんだから、アジアの他の国に負けるようになって斜陽産業になっちまったぜ。二十年くらい経って協和鉄鋼も店じまいしたって風の便りに聞いたよ。

[アホの菅本、パッコン島田]

俺が大阪で配属された鉄鋼輸出部の貿易課ってとこは、のどかだったな。課長ってのが菅本で課長代理が島田だった。この当時は課長と代理ってのは、どちらかが切れ者なんだな。課長が切れ者だと代理にはポケっとした奴を置く(地位を狙われるのを警戒して)、代理が切れ者だと課長のポジションを狙うから二人がギクシャクするか代理が実権を握るかなんだよな。ところが、この二人はポケっとした天下泰平コンビだから、のどかな課だったぜ。こいつらはコント五五号みたいなボケと突っ込みをやってたな、でも天性のものだった。例を挙げるとようけあるし長くなるから一人ずつ二～三の例にしよう。

〝菅本の巻〟その一：年は後で分かったんだけど四八才だったね、この当時。何で分かったかと言うと偶然の会話が聞こえたからよ。保険か何かの問い合わせだったんだろう、人事かどっかから電話があって年を聞かれたんだと思うわ。電話口を押さえて菅本が島田に「島田はん、あんた年なんぼや」って聞くのよ。マジメな島田は即座に「四七です」って答えたわ。そしたら「ワシ、あんたより一個上だから四八だな」って言って電話に向かって「ワシ四八やわ」って言ったね。回りで聞いてた俺らは唖然としたよ、このオッサン自分の年が分からんのかってな。いつも島田の年に一個足してるんかいな。もし島田がいなかったら「確認して後で返事します」って言うんかいなって思ったね。

その二：当時は海外との交信ってのはテレックスだったんだわ。テレックスの文章ってのは日本語だけどアルファベットのローマ字なのよ。臨海鉄鋼の関連のテレックスが海外の駐在員から来たんだけどその文中に「臨海の専務はタヌキだから」ってえ下りがあったんだわ。ところが菅本は臨海の専務から電話が掛かってきた時に「ちょうどテレックスが来たとこですわ、読みまっせ」つうて頭から読み出した。そしてそこもそのまま読んじまった。「リンカイノ センム ワ タヌキ」って。んで読んで（言って）から「え、ええ、何や、何言うてまんのやろ、ハハ」って言ったけど手遅れなんだよ。

その三：奈良までは行かないけどその方角に中小メーカーがあったな。そこに俺と菅本と島田の三人で行ったんだわ。その帰りに石切ってとこで飯食うかってことになったのよ。後で分かったんだけど石切ってとこは小さな料亭とか小料理屋が多くていわゆる遊ぶとこなんだな。そうとは知らずに俺らは小さな小料理屋風のとこに入ったんだわ、そして個室に通されたんよ。んで会社の近くの飯屋のつもりでランチなんて頼んだね。そうしたら前菜から始まって会席料理みたいなコースになったな。菅本は「おっ、エエやないか」なんて言ってノー天気にビールも頼んじまったよ。もともとが酒飲みのオッサンだから飲みだしたら止まらねえの。しかも気が付いたら俺ら三人のそれぞれの横に仲居みてえのが和服でいるんだわ。これが妙に色っぽいのよ。菅本なんか「べ、別嬪さんやなあ」とか言って話しこんじゃって胸をチョンなんて触ってんだ。触られた仲居も慣れたもんで「ま、やーね」なんて軽くいなしてるんだわ。「ま、やーね」てなもんだから「おお、エエのんか、エエんかいや」なんて言いながら菅本はエスカレートして袂から手を入れたり裾からも手を突っ込んだりしちゃってよ。「島田はんも吉田君も遠慮いらんで」なんちゃってるんだな。クソ真面目な島田はともかく乗りのいい俺なんか完全に便乗したね。「この娘、チチ大きいわ」とか「おお、ノーパンかいや」なんて菅本の声に「こっちもですわ」とか言って俺も盛大、遊んじまったよ。で、三時間くらい遊んで「勘定」つうたら一人、一万円くらいになってやがんの。当時の俺の給料が手取りで十一万円くらいで昼飯ってのは五百円くらいだったから一万円ってえとゲッなんだよな。「何でや、昼メシが一万円もするんか」って菅本が叫んだけど遅いよね。盛大、騒いでチチ揉むわ、股ぐらに手突っ込むわ、したんだからそれくらい、いくわさ。

「しゃーないな、でもこれじゃ吉田君が可哀相や、交際費にしよ」って菅本は島田と俺に言って領収書もらってたわ。別に吉田君を引き出さんでもいいのよ。島田の同意なんかも求めんでもいいんだわ。オッサンが課長なんだから「交際費だ」って言やあいいんだけどな。それでも「もう懲りた」なんて言いながら暫くしたら「あそこ、おもろかったな。また行こか」だったもんね。

さあて次はパッコン島田だ。何故パッコンかってえと歩き方がパッコン、パコンって音がするんだよ。ハハ、済まんな、何のオチもなくてよ。こいつはクソ真面目だから菅本みたいに型破れのハチャメチャは無いんだわ。本人は至って真面目なんだけど何となく笑えちゃうってタイプよ。

島田のその一‥いい年して教習所へ通って車の免許を取ったんだよね。取ると買いたくなるってんで車を買ったわ、コロナだ。しかしまあ子供にオモチャ持たせたようなもんでウルサイこと。その当時、二四〜二五才の俺らと一緒の精神年齢でゼロヨン加速が、とか、リッター何キロ走るとか言ってんだよ、そればっかりだぜ。しかも相手（の車）見て言うんだな。セリカ、スカGと並んで名スポーツカーと言われたギャランGTOに乗ってる俺には何も言わねえのよ。ローレルの最高級に乗ってる上村にも言わないんだよね。シビック（当時は軽）に乗ってる守山には勝てると思ってるらしくて、いつも同じことを話題にしてたね。「エエ年したオッサンに毎日、君の車リッター何キロって言われるのは参るぜ」って守山が言ってたわ。
　その二：島田はパキスタンを担当してたんだわ。パキスタンなんかを担当するってこと自体、要領が悪いってことなんだけどね。インドとかパキなんてのは理屈こねるは、金払いは悪いわ、ドタキャンするわで、誰も担当したがらねえんだな。アメリカ向けとかだと「俺がやります」とかで取り合いなんだけどイン・パキなんてのは皆がフン！　の肥溜め地域なのよ。あーあ、いいのかな、こんなこと言っちゃって。ミリオンセラーになったら国際問題だぞ、なーんちゃって。けっ、そこまで売れりゃ本望でい。で、パキスタンの客でアジズってのがいた。このアジズは決済が悪いしなかなか買わないし買っても少量ってんで邪魔くさい客だったんだな。ある時、アジズはトウツウにお忍びで日本に来てたんだわ。そしてアジズが道を歩いてたのを島田が見つけて咄嗟に隠れたんだと。向こうが自分を発見する前に自分が相手を発見して隠れたから良かったって自慢たらしく言うんだな。な、こと自慢するなよな、俺ら若手によ。発見して、お忍びで来てるのを問い詰めたとか言うなら分かるけどよ。「先に発見して隠れたから助かった」なんて自慢にならねえってての。
　その三：クソ真面目だからエピソードに乏しいね。んで話題が豊富じゃねえから同じ話題を長いこと使うんだな。お陰で俺なんかいつまでも話題にされたね。俺は赴任してすぐに島田と大黒鉄線ってとこに挨拶に行ったんだ。ところが昼飯に課で歓迎会してもらってビールを飲んだんだな。そして大黒に行った。話してるうちにエエ気分でコックリなのよ。最初は横にいる島田が突っついて俺を起こしてたんだけど途中からは俺がソファに半分寝そべる如く眠りこけちまったんで諦めたね。でもその時のことを何年も話題にしてたぜ。「吉田君、眠りこけてもうてな」『途中までは起こしてたけどソファに寝そべってもうて』『そこで僕は諦めたんよ」てな調子だ。でもよ眠りこけたくらい何だってんだよな。三ヶ月くらいして改めて大黒へ行った時「始めまして」つうて挨拶したら「いえ、前回、お目にかかってます。よく眠っておられましたから」って丁重な挨拶ももらってんだい。

［三億円事件］

大阪での三年間を終えて俺は森永さんの引きで東京の非鉄金属部へ帰ったってのは言ったよな。森永さんの引きでエエ想いもしたわ。そして森永さんが名古屋に転出した後だけど大事件があったぜ。アルミ課の稼ぎ頭でやり手と評判だった木山って課長が三億円をポッポに入れてたのが発覚したのよ。木山ってのは外大卒で英語は達者だったな。英国にも駐在経験があって商売はやり手だったね。アジアとか中近東向けに明治アルミの製品を輸出してたんだわ。しかも部を支えるくらいの利益を出してたね。この当時はアジアなんかのアルミの買い付け機関は電力庁とかの政府機関だったのよ。そして商売は入札ベースだったな。相手が政府機関で入札だと、いわゆるフィクサー的な奴が水面下で動くんだな。そういう奴を使って相手先の買い付け担当部長とかその上の連中に食い込んで情報を取ったり他社を排除の為にスペックをガチガチに固めちまうってのが「勝利の方程式」なのよ（長嶋監督、すまん、引用したぜ）。

木山は商売人だし英語も達者だから各国の優秀なフィクサーを掴んでたね。フィクサーつうても一応はエージェントって言うんだけどな。そしてそういうエージェントを使えば当然、対価ってのを払うわけよ、エージェント口銭って言ってるけどな。その口銭はエージェントの腕次第だけど三〜五パーセントくらいだ。ま、三パーセントでも十パーセントでもいいんだよ。その分は売り値に乗せちまうからな。そんな風にして木山は商売を伸ばしていった。そのうちにエージェントから言い出したのか木山が提案したのか分からんけど「あと一パーセント上乗せしてくれ」「その代わりエージェントから木山にキックバックする」ってえ図式になったのよ。

エージェント口銭なんてのは普通は商売ができてからしか払わないから会社としては払うのは問題なかったのよ、当時は。なんせ商売ができて会社に利益をもたらしてるんだからな。だからエージェントの口銭を払うのは問題ないし、払っちまった後のことには関知しないのよ。というより関知したくねえんだな、会社も。そんなわけで商売する度に木山にキックバックがいく、商売もン十億円単位だからキックバックも、でけえのよ。そんな調子で億単位の金をせしめたんだな木山は。何故バレちまったか？　部を支えるくらいに利益を出してたから会社からは疑われなかったよ。よく稼いでるって部課長会議なんかでも誉められたくらいだ。バレたのは国税からだ。木山はやり手だから敵も多かったんだろうな。どこの誰かは知らないけれど（レレ、月光仮面の主題歌になっちまってる）匿名で「木山は申告してないけど大きな所得がある」ってタレ込んだのよ。国税ってのはタレ込みでも動くものなんだな。国税に動かれて銀行口座は洗われるわ、貸し金庫も開けられるわでバレたね。でもバレた後、詳細を知って皆、驚いたね。ってより感心したよ。

木山は毎晩のように遊びまくってたけどパクった金は遊びには使ってないんだな。大抵の奴は、こういうアブク銭ってのは酒、女、バクチに使っちまうもんだけど木山はしっかり運用してたのよ。貸し金庫には株券、国債がテンコ盛りだったと。それ以外にも銀座のクラブなんかに金を貸し付けて高利を稼いでるのよ。貸し付け契約書もあったって。そして、またビックリ、青山にレストランなんて持っちゃってるんだよ。毎晩、銀座に飲みに行ってたけど、これには金は使ってないのよ。会社の交際費で行ってたからな。稼ぎ頭の課だから交際費も潤沢だったらしくて、それを全部使ってたね。毎晩、若い奴を連れて豪遊だったもんな。しかーも銀座のクラブからもキックバック取ってたぜ。金がネエから飲みに行けないってのは俺ら凡人、木山は飲みに行きゃあ行くほど潤うってんだから大したもんだって皆、感心してたよな。誰も不幸にしてない、被害者はいない(会社も利益だしてる)ってことで昔の三億円事件みてえなもんよ。

［青い山脈、純情君］

バカ話ベースの本だけど恋愛も少しは絡まそうかいな。非鉄金属部時代に俺より四才年下の美人でグラマーで気立てのいい娘がいたんだ、名前は静江。この娘とは二年くらいほのぼのとした「青い山脈」みてえな恋愛をしたな。結ばれなかった、俺が悪いからだ、だけど今でもこの娘のことは好きだ。だからこの項だけは本名なんだわ。静江に捧げる俺の気持ちの鎮魂コーナーだ。もし、この本を読んでくれて連絡でもくれて会えたらいいなあ。静江とは配置換えで同じ課になったんだ。そしてその頃、俺は妻子持ちだったけど嫁さんは離婚前提で実家に帰っちまってて家庭崩壊だったのよ。実際、離婚しちまったけど離婚絡みは第一作の『はちゃめちゃ商社マン、解任社長のお笑い告白』で詳しく述べたからここでは省略するぜ。と言いながら第一作の宣伝も兼ねておこう。静江とは仕事中に息抜きに喫茶店に行くとか昼飯に行くってとこから始まったんだ。そのうちに俺が離婚寸前の別居中でマンションで一人ってことが公然の事実になったんで急速に接近したのよ。昼飯が夜になり毎週、金曜は銀座か新宿に飲みに行くようになったね。同じ課だから伝票なんか渡す時に「七時、京王プラザ」なんてメモを渡したりでホンマ「青い山脈」だったのよ。休みも退屈してるんでしょってんで映画にも行ったよな。「007、オクトパス」だった、場所は銀座テアトルだ。良く覚えてるだろ、それだけ惚れてたんだよ。なして結ばれなかったかってえと俺が悪いんだ、まず懺悔!!

名古屋に出張した時に行き当たりばったりで入ったスナックのママとできちまったんだよ。そして週末同棲になっちまったんだ。毎週末、東京から名古屋に行っての同棲生活になったんだわ。しかも一途な女だから「アンタは私が独占する」とかでガンジ絡めに管理されちまって土日の自由行動もできなくなっちまったのよ。静江は料理に行ってあげようか(マンションに)とか言ってくれるのに俺が生半可な返事しかしないので土日は別ってパターンになっちまったのよ。金曜のデートもいつしか木曜になったしな。そうして二年くらい経った頃、結婚しちまった。グスン。グスンつうても俺が悪いグスンなのよ。

後悔先に立たずって良く分かるぜ、恋愛も人生も僅かのタイミングのズレが大きなミスに繋がるってことを今でも想うね。静江と早い時点でデキちゃってれば名古屋には溺れなかったね。今の俺からは想像もできないけど静江には俺は純情君だったからキスもしてねえんだ。鎌倉にドライブとかでチャンスは何ぼでもあったのによ。タイミングを失敗したらいかんなんて妙に慎重に成りすぎたんだな。家で彼女に見立てた柱に手を回してキスのタイミングの練習なんてしたぜ、くくく、な、ほんま純情君だろ。静江も俺に惚れてたんだな、それを俺の親友の坂田から聞いたぜ。坂田は同じ課にいて静江と三人で飲みに行ったことも何回もあるんだ。で、坂田はロンドンに駐在になったんだわ。静江は結婚する時に坂田に手紙で報告したのよ。で、その手紙の出だしに「結婚します、相手は残念ながら吉田さんじゃありません」って書いてあったって。坂田はそれを俺に言った時「おめえはバカだ、あんないい娘を」って言ったけな。ドラマだと、どっかで再会して結ばれるんだけどな。それか「出会った頃の君でいて」みたいに女が最果ての地まで来るんだけどな。あーあ、人生ってのはドラマじゃねえな。

［あっという間の組合潰し］

森永さんが名古屋に転任してから一年くらいは針ムシながらも非鉄金属部にいたんだわ。特に楽しい想い出はねえけど組合潰しは印象に残ってるね。トウツウの組合ってのは左よりだったのよ、執行部には自他ともに認める共産党ってのもいたからな。当時の国労みたいなもんで経営者側とは完全に対立してたね。会社は社員から搾取してるって思想で「聞け万国の労働者ー」てなもんだったよ。な、状況だから四月から五月にかけては賃上げ闘争で定時退社（残業拒否）は当たり前だったしストも何回も打ってたね。ストの時なんか、俺らは「先生が休みだから休講」てな学生気分で昼間からマージャンしてたけど会社側はもちろん、苦々しく思ってたんだな、共産党かぶれの組合めって。てなことで堪忍袋の緒が切れて会社側は組合潰しに踏み切ったんだね。今にして思えば役員会と人事部で綿密な計画を立てて管理職たる部課長に一斉指示を出したんだな。組合ってのは本部闘争委員会ってのがあって、その下に支部闘争委員会ってのがあったよ。そういう連中ってのは社内の各ブロックで組合員により投票で選出されるのよ。選挙は年一回だ。そこで組合の執行委員になってないマジメ君を各部長に選ばせて部長から「組合潰しをやる、君が立候補しろ」って言い含めて立候補させたんだわ。

そんなわけで今まで組合に興味もなかったような連中がようけ立候補したね。当然、組合の左系統も立候補したわさ。一応、選挙だから票を取れなきゃ役員にはなれねえわな。そこで票を取らせる為に会社側は部長経由で軍資金を出したのよ。さすがに金をバラ撒くってことはしなかったけど票集めの飲み食いに潤沢な軍資金を使ったたね。一ヶ月の小遣いが決められててピイピイしてる課長補佐なんかが「おう、飯でも食いに行こうか。奢ったる」なんて言うのよ。せいぜい居酒屋かなと思ったら豪勢にシャブシャブなんか食わしてくれて銀座のクラブにまで行っちまうのよ。んでドンチャンして帰りのハイヤーまで面倒みてくれたな。飲んでる途中で「今度の選挙、××と○○に入れてな」って言ってたけど。社内全体でそうやって票集めをやったね。立候補者の選定、票集めを選挙の直前に一斉にやったもんだから組合は有効打がないまま選挙になっちまって選出された役員の大半は会社側のマジメ君になっちまったよ。

これは会社側としては完勝だったね、いい悪いは別にして鮮やかだったな。組織の怖さってのを垣間見たって感じだね。清廉潔癖な女の子がいて「買収みたいのは嫌です。××さんには入れません」って言ったらその直後に配置換えつうて地下三階の用度課の倉庫勤務なんて見せしめをやられたな。そんな具合で一挙に組合は潰されて会社の御用組合になっちまったよ。元の組合の幹部は冷や飯、御用組合になってからの幹部はエエ点数もらっちゃって出世も早かったね。今はどうか？　って。組合の委員長なんて超エリート君じぇねえのかな。

［業務本部で充電］

非鉄金属部では森永さんの引きで楽しく過ごしたけれど森永さんが名古屋に転任されて一年後に一の子分を自称していた俺も飛ばされたわ。飛ばされた先は非営業の業務本部ってとこだ。業務本部ってのは非営業でも一番実態の無いとこだったな。経理とか財務ってのは機能があるしハッキリしてるけど業務本部ってのは、これといった機能ってのは無かったね。今もない、だから縮小されてつぶされたね。俺が業務本部に在籍した当時は会社も余裕があったから業務本部のような贅肉みたいな組織も生き延びれたんだな。ま、仕事としては海外店の管轄ってことになってたけど大したことはやってなかった。他社も似たようなもんだったけどな。

そこにいる人材ってのも俺みたいに事情があって営業から出された奴とか海外から戻ったけど出身営業部が引き取らない奴とかの吹きだまり的な感じだったね。だから仕事も忙しくなかったしマージャンでも飲むのでも六時スタートで優雅な勤務だったな。それでも本部だから本部長ってのがいて本部長は取締役だったな。この取締役本部長ってのが蛭川さんって人で、この人もいい人だった。そして俺はこの蛭川さんに妙に可愛がってもらったのよ。蛭川さんは大のマージャン好きで週に二～三回やってたかな。この人は上手だし強いのでこっちも全然、気を使う必要はなかったから楽しくマージャンをできたんだわ。そして初めてマージャンして帰る時に「どっち方面だい」って聞かれて「国立です」って言ったら蛭川さんも国立なんだわ。俺は既に別居中で国立の実家にいたんだけど俺の実家から蛭川さんの家まで距離にしたら歩いて二十分くらいのものよ。「おー、なんだ隣組じゃないか」なんつうて親近感を持ってくれちゃったね。そして「近所同士が二人もいるんだから」ってんで帰りはいつもタクシーなのよ。蛭川さんは取締役だからタクシーのチケット使い放題だからな。てなことで週に二～三回マージャンして一緒にタクシーで帰る。もちろん、先に蛭川さんの家、そして俺って順だ。そんな関係で急速に親しくなって可愛がられたってわけよ。

なかなかユーモアのある人だったな。四時頃、「吉田君」って呼ぶのよ。何かなと思って行くと「あのなあ、たまには本部長、三人揃ってるんですけど、(マージャンを)どうですかって言ってみたら?」なんて言うんだ。そして言われた俺は三人集めてから蛭川さんのとこへ行って「本部長、三人揃ってるんですけど、どうですか」って。そして蛭川さんは神妙な顔で「うーん、おぜん立てされて逃げるわけには、いくめえ」なんちゃってるのよ。この当時は本部だけでマージャンのメンバーが二十人くらい居たかな。毎月、給料日精算なのよ。その集計とか集金・分配は一番年下の俺の仕事だったな。給料日になると蛭川さんが集計結果を聞いてくるんだ。「いやあ、まだ終わってなくて」なんて言うと「今、やったら」つうんで仕事中に一覧表を作って計算機でやってたんだわ。集金は楽だったね。いつも蛭川さんは勝ってるから負けてる連中もスンナリとキッチリ払ってくれるんだわ。俺は集金はキッチリやって分配は手数料として五パーセント取ってたんだわ。別に鞘を抜いたわけじゃなくて堂々と宣言して取ってたね。どうせバクチで勝った金だから五パーセント取っても皆、鷹揚でな「いつもご苦労さん」てなもんよ。このテラ銭の収入もけっこうなもんだったな。全社のメンバーの集計・集金を一手に引き受けたらなんて夢みたいなことも考えたね。

この当時の仕事の一つに海外店の営業月報の纏めってのがあったな。各店の店長が営業月報ってのを書いて報告してくるのよ。その中の項目で政治・経済ってのがあるんだわ。その国の政治・経済についてグダグダと四枚くらい書いてたね。それが長すぎる、役員が長いのは読まないってんで俺らが一枚ものに纏め直すってえ、しょうもない仕事だったぜ。まあ、その当時、そういう下らないことをやったお陰で文章力とか起承転結なんてのが身についてて今こうして本を書いてるんかな。月報ってのは成績の悪い店長ほど政治・経済の報告が長かったね。成績のいい店の店長は数字だけだったな。でもな、そんな月報なんてのは誰も注意して見てないんだよ。ふん、また来たかってな程度でな。それでも出さなかったり遅れたりすると、どうなってるって騒ぐんだよな。あればフン、なけりゃ、或いは遅れりゃ騒ぐってとこは女の生理と一緒だね。そうなんだよ月報なんて月に一回ってことでメンスみてえなもんなのさ。この当時から十年後に俺も海外の店長をやってな。一度、手違いと勘違いで月報を出さなかったことがあったよ。でも誰も何も言ってこなかったね。なくても騒がないってんでメンス以下かもしれねえな、ハハ。

［少しは仕事したかな］

業務本部にいる間、大したことはしなかったけど少しは仕事したんだわ。業務本部ってえのは非営業で良く言えば遊軍みたいなとこもあったね。ま、遊軍つうても組織だったもんじゃなくて気の合う営業部の仕事を手伝うって程度だったけどな。そんな調子で手伝って見事に花が開いたのがあったな。化学品部の商売でインドで製薬センターってプロジェクトをやったのよ。これは日本政府が金を出す無償援助案件、いわゆるＯＤＡってやつだ。商売そのものは一応、入札形式なんだけどこれは一応って言葉が付くんだわ。自分達が契約を取れるように相手国の関係者に根回しをして日本の業界も押さえるってとこがポイントなんだな。そのための下地作りというか根回しなんかを手伝ったってわけよ。化学品部の部長の白田さんってのは阪大の薬学を出てる薬剤師って変わり種だ。そんなわけで製薬メーカーにはコネがあるのでプロジェクトを請け負う品川製薬をガッチリ抑えたね。

海外で製薬センターの援助案件をやる時は日本の製薬メーカーがアドバイザーとしてレイアウトとか構想とかを行うんで製薬メーカーってのが一番の実権者なんだわ。製薬メーカーとしては本当は海外のそんな案件はやりたくないってのが本音だね。時間と人手を取られるからな。だから品川、四共、武井なんてえ大手製薬メーカーが持ち回りでアドバイザー役を引き受けるんだわ。製薬メーカーは新薬発売なんかで厚生省(現・厚生労働省)の認可を貰うから国の援助案件に協力しておこうって持ちつ持たれつの関係もあるんだな。とにかく、そんな経緯で品川製薬がアドバイザーを引き受けた。そして白田さんが品川をガッチリ握ってるのでプロジェクトの主導権をトウツウが取ったってわけだ。製薬会社ってのは各社ともにノウハウとか機密事項ってのがあるからそれぞれが建設会社を指定するんだわ。指定してないと機密とか極秘のノウハウが守れないからな。品川製薬の場合は松中土木って決まってるからウチらは早くから松中に案件を持ち込んだね。入札ではあるけれど品川は「松中でしかやらない。それ以外のとこなら降りる」って強調したからな。そういう根回しなんかを俺が手伝ったってわけだ。

相手側はインドの保健省なんだけど、ここへの根回しは俺がやったね。白田さんは薬剤師だけど英語はカラキシ駄目ってんで俺がやったんだ。保健省の大臣ってのがオバアちゃんだった。これが自分の母親みたいな感じでな、そう思うと以心伝心ってやつで相手も俺に好感を持ってくれたね。このオバアちゃんが来日した時にトウツウで面倒みたんだけど他社も嗅ぎ付けてかち合ったんだわ。大手の紅中って商社だったんだ。オバアちゃんを前にしてトウツウと紅中がお互いに自分とこが面倒みるってんでかち合ったのよ。その時、見事に俺は紅中を蹴落としたね。オバアちゃんの前で俺と紅中の奴が「うちが面倒みる」ってお互いに一歩も譲らないって展開になった。そして俺が紅中の奴を挑発するような言い方をしたんだ。「おたくは勝ち目ないから降りろ」ってな。そしたら紅中の奴がカッカきてタバコを吸おうとしたんだわ。オバアちゃんはタバコの煙が駄目だから俺はオバアちゃんの前では禁煙してたのよ。そんなことを知らない紅中の奴がタバコをくわえた。俺は黙ってた。そしてまさに火を付けようとしたところで「ノースモーキングにして下さい」って言ってタバコを止めさせたんだ。オバアちゃんは日本語は分からないけど「ノースモーキング」は分かるわな。そこがミソだったね。私の為にタバコを注意してくれたってんで勝負はあったね。そして「トウツウさんにお願いします」って言ってくれたね。

こうしてオバアちゃん、即ち、保健大臣を俺がガッチリ握ったってわけだ。このオバアちゃんには三日間付きっ切りだったぜ。潤沢な交際費を白田さんから預かって京都見物にも連れてったな。その時の京都からの新幹線はドキッだった。オバアちゃんはタバコが駄目だから俺達はグリーン車の禁煙席に乗ったんだ。俺はタバコを吸いたくなったんで隣のグリーン車に行ったんだ。ここは喫煙席なので空いてる席に坐って一服してたのよ。ところが回りを見たら全員が黒服のヤーさまだったね。後で車掌に言われたけどその車両は関西の川口組の貸し切りだったんだわ。しかも川口組はデカい抗争中だったんだ。他の車両からワザワザ移動してきて一服してる俺を警戒して怪訝な目で見てたな。抗争相手のヒットマンって思ったんかいな。俺もそう見えなくもねえからな。回りは黒服づくめ、上着を脱いでる奴はワイシャツの下から彫り物が透けて見えるんでヤベーと思ったね。

こうして紆余曲折はあったけど無事に契約を取れたんだ。でもその数年後、クーデターみたいのがあってオバアちゃんは対抗勢力に射殺された。そのニュースを聞いた時はショックだったなあ。親不孝の俺はオフクロみたいなオバアちゃんを精いっぱい大事に扱ったんだよ。そんなオバアちゃんが射殺なんて死に方をしたって聞いた時はホンマ悲しい想いがしたね。

［そしてビルマ］

蛭川さんに可愛がられて居心地は良かったけど一方でいつまでこんな生活してるんだろって焦りはあったな。この当時は、今もそうかな、商社ってとこは海外の駐在経験ってのが一つのステイタスみてえな感じがあるんだよ。初対面でも挨拶代りに「駐在はどちらに？」なんて聞くんだよな。その当時（三六才）同期の奴らも半分くらいは海外に駐在してたから焦りもあったのよ。こんな業務本部なんてとこにいて実業（商売）から遠ざかってたらチャンスねえなって焦りよ。蛭川さんには、そういう話もしてたし「どこでもいいから出して下さいよ」って言ってたのよ。蛭川さんも、いろいろ手を尽くしてくれたね。一度シンガポールの駐在の話があってかなりいいとこまでいったんだけど最終的には鉄鋼本部に枠を取られちまったね。んん、やっぱ営業本部のが発言権も強いんだな、なんてガクっときたね。

そんな時に降って沸いたのがビルマ（現・ミャンマー）への駐在だ。この当時ビルマ、ラングーンには支店長と次長の二人が駐在してたんだ。そして突発的だったけど支店長が脳梗塞で倒れたんだわ、それもかなり重傷でな。ビルマってのは昔からトウツウが強かったとこで重点地域でもあったのよ。そしてビルマってのは幸いなことに業務本部の管轄になってたんで蛭川さんに発言権があったんだな。可愛いい吉田君を、ここに嵌め込もうってことになったのよ。次長を支店長に昇格させて俺を次長として送り込むって方針を取ってくれたんだわ。八七年の一月だったね。この当時は駐在員ってのは常務会の承認事項だったけど蛭川さんがウルトラCを使ってくれたんだわ。支店長が病気で倒れたからということで急遽、俺を応援出張ってことで三ヶ月の出張でビルマに出したのよ。そして三ヶ月後に「緊急事態でもあるし吉田君は十分務まっているので駐在に切り替える」って具申してくれて常務会もすんなり通ったってわけよ。ま、その三ヶ月を無難にこなしたってえことは俺もそのくらいの実力はあったってことなのよ、ガハハ。

そんな具合で慌ただしく赴任したけど出張手当てとか赴任の準備金とか何だかんだで百万円くらいのキャッシュが入ってきたな。へええ、海外駐在ってオイシイんだななんて思ったね。蛭川さんにも盛大な送別会をしてもらったし送別マージャンもやったよ。送別マージャンで俺が蛭川さんから役満を上がった時も「いやあ、これも餞別だな」なんてニコニコしてくれたっけ。

［緑の監獄］

こうしてタイ・バンコク経由でビルマ・ラングーンへ赴任したのが八七年の一月だった。ビルマって国は数少ない社会主義の国で当時は完全に鎖国に近い閉鎖主義を取ってたんだわ。だから飲み屋はもちろん、レストランなんてのも無かったな。閉鎖してて外貨が入ってこないんで第二次大戦の終わった頃からほとんど変わってなかったね。四十年間時計の止まった国って言われてたし何もないってことから緑の監獄だったな。そんなとこに赴任したんだよ俺は。まあ、そんなとこでも住めば都だね。すぐ慣れたし快適に五年間も駐在したし今でもノスタルジアがあるくらいだぜ。アジアの発展途上国に赴任すると物価の違いとか安全面とかでデケえ家を社宅にしてるんだわ、しかも一人一軒な。俺は倒れた支店長のいた社宅、即ち支店長社宅に入ったんだよ。俺も、いいとこのボンボンだから大きな実家に住んでたけど桁違いだったな。敷地は千坪くらいあって女中とか運ちゃんも住み込みで、その敷地の中にサーバントコーター（使用人の社宅）なんてのがあったよ。でかい庭だから象でも飼ってみるかなと思ったけど餌代が大変そうなんで止めたわ。家賃とか女中・運転手の給料とかも会社負担だけど象の餌代は個人負担だろうからな。庭師なんかも雇ってたから手入れもしてたけどサソリとかコブラも同居の庭だから要注意ではあったね。

女中もコックもいてカツ丼でも肉ジャガでも何でも作るから飯は全て日本食で不自由はなかった、不自由なのは材料だけだ。食材とか生活用品なんてのは全部バンコクから持ち込んでたよ。

思い出すままに列記すると牛肉、お茶づけ海苔、醤油、ソース、サラダ油、調味料、シャンプー等等で機内持ち込みがいつも八十キロくらいあったっけ。バンコクでは日本のデパートの大丸があって俺らの持ち込み荷物の手配なんかは外商部ってとこがやってくれた。外商部へ品名と数量と便名を書いて渡すと全部揃えてパッキングして空港のチェックイン・カウンターまで持ってきて積み込みまでやってくれたわ。そういうサービスで商売を拡大してるのよ。ビルマ向けだけじゃなくバングラデッシュとかインドとかに駐在してる日本人も顧客だった。ま、こういう物資の全てがビルマでは手に入らないってわけじゃないけどメチャ高いのよ。洗剤なんて日本製のがマーケットで買えるけど一箱が円換算すると当時で六千円くらいだったもんな。六千円の洗剤は買えないぜ。現地人には高嶺の花よ、一ヶ月の給料と洗剤一箱が同じなんだもんな。その洗剤ってのはブルーダイヤだったな。高嶺の花がブルーダイヤーってんだから笑っちまうで。こんな風にして材料を持ち込んで腕のいいコックに作らせてたから贅沢な暮らしではあったよ。肉なんてのは神戸牛を持ち込んでたし。これはシャブシャブ用に持ち込んでたのよ、ところがシャブシャブをやろうとしたら肉はないって。何で？　って聞いたら、いつもカレーに入れてたってんだよ。俺んとこのカレーは上手いって評判だったけど、そらあそうだわさ神戸牛のカレーだからよ。

[親分との出会い]

俺が赴任した時、川森さんてのが次長から急遽、支店長に昇格して俺が次長になったんだわ。川森さんとは、この時が初対面だったけどこの人は人物だったね。マージャンもゴルフも酒も強かったけど親分肌のとこがあって、この人には生き方ってのを教えられたっけ。もちろん、仕事もな。ま、仕事の方は俺も新入社員じゃないから即戦力にはなったぜ。問題から逃げたらアカンとか責任はキッチリ取るとか、そういう潔さってのを教えられたね。そういうのって皆、言うだけでなかなか実行できないのよ。責任転嫁、根回しで言い含め、死人(辞めた人)に口なし、こんなのは日常茶飯事でそうやって上手く逃げた奴ほど生き残って出世してるような気がするのはひがみかねえ。

とにかく、そういう生き方を教えてくれ且つ示してくれたね。だから最近まで親分子分の関係で付き合ってたぜ。俺が赴任して一ヶ月くらい経った頃だったかな。仕事にも慣れてきた頃、俺はポカミスをやったんだわ。機械の入札の商売だった、入札の締めは三月二五日だ。締めの三月二五日に書類を提出すればいいんだけど俺は三月二五日、その日を一日、間違えていたんだ。三月二五日の当日にその日は二四日だと思い込んでいたのよ。だから明日、提出すればいいと思ってたんだな。そしてその日の夕方に川森さんが俺の机の上にある書類を見て「吉田君、何や、これ出してないんか」って言うのよ。俺はその日が三月二四日だと思ってるから「エエ、明日、出しますよ」「明日じゃアカンやないか」「？？」

明日の締めに間に合うように出しますよ」てな会話をしとったんだ。で、一日、間違えてるなって川森さんが気が付いたね。「吉田君、今日は三月二五日やで」って言われて俺はようやく間違いに気がついたってわけだ。

その時は入札の締めは過ぎてたね。うっわ、と思って「すんません、完全に一日間違えてました」って言ったんだわ。そこから、うーん、どうしようかって二人で考え込んだのよ。そこへ出張で来てた富山って課長が「現地スタッフがチョンボして書類が提出されてないって本社に言ったらどうですか」って進言した。でも川森さんはキッパリ言ったね。「誰も分からないからといって現地スタッフのチョンボにするなんてことはいかん、そんなことしたら現地スタッフに対して申し訳ない」「ここは素直にワシが謝る」って言ったのよ。最終的には客先に交渉して期限は過ぎてるけど受け付けてもらえて一件落着となったんだ。結果オーライになってから俺は支店長室に行って川森さんに「すんません」って言ったけどそれに対する言葉は一生、忘れないね、だからこうして書いてる。川森さんはニコニコしながら「あんたが申し訳ないと思ってるのは顔みれば分かる。気にするな。こんなこと、気にしたらアカンぞ。こういう小さな案件でミスしといた方がいいんだ。君がどんなチョンボしようがワシが責任とったる。さあ、一杯やろう」って言ってくれたよ。俺も上司になったらこういう生き方をしようって思ったね。川森さんは五年前にトウツウを辞めて今は自分で商売やってるけど今までも親分として慕ってたし年に二回くらいは飲んでたね。会社なんてとこにいると、こんな風に親分子分の関係になるってのは滅多にないんだな。部長と部下ってのは単なる上下の関係だけだぜ。その部から離れる、或いは退職した後は没交渉だね。会社という組織を離れた後でも付き合えるってのがホンマの親分子分だと思うね。

しかしまあ、この川森には結果的にはエレエ目にあわされたぜ。五年前から自分で貿易会社みたいのをやってるんだけどね。この会社ってのが趣味でやってるようなどうしようもない会社なんだな。ってえよりもインチキ会社つうた方がいいかな。いつでも面倒みてやる、みたいなことを言うから当てにしちまったぜ。トウツウを辞めてこの会社(A社としとこう)に入るつもりだったけど実態が分かった時点で縁切ったね。川森ともう一人の技術系の奴(町田つうの)でやってるんだわ。しかし二人とも経営感覚はゼロ。そして夢物語みたいなことばっかしやってるんよ。大気中の湿気を集めて水を作る機械を作る、それを中近東に輸出する。赤外線ゆで卵製造機。こんなもんが売れるわけない、儲かるわけない、アホやで、この二人。だから会社も儲かってない。ところが儲かっているように取り繕ってたんだわ。予定してた口銭が入ってこない。そういう場合は二人が自分の金をン百万ずつ出して補填して決算では黒字にしていたんだな。俺はこれで騙されたね。こういうのは粉飾つうんだよ。これに気がついた時は俺はトウツウを辞めた後なんだよ。詐欺にあったみてえなもんだぜ。しかも金がない会社だから給料なし、出張経費なんかも自腹ってんだからバカヤロだぜ、この会社は。しかも700万出資してくれだと。「吉田さん、トウツウにいたから、お金あるでしょう」ってこの町田が嬉しそうに言いやがるの。俺の金は俺のもの、何でこのバカ会社に出資せなならんの？　こいつらとは即、おさらばしたね。だから川森とも、これっきりよ。今じゃ詐欺森って呼んでるわい。風の噂では川森はトウツウの奴から金かりてノラリクラリで返さないらしいぜ。ま、脱サラなんつうて自分で会社なんかやっても成功するのは稀ってことよ。この二人みたいになるのが関の山だね。

[呉越同舟]

この当時はビルマには大手商社九社プラス大丸が店を張ってたんだ、大丸ってのはデパートの大丸で、ここの商事部門が商社として駐在してたのよ。ビルマってのは貧乏で外貨も乏しい国だから普通の商売ってのはほとんどなかったな。でも全商社とも何とか食えていた国だった。食い扶持は無償援助なんかが中心だったよ。所謂ODAってやつだ。この無償援助ってえのは元々は戦後の賠償だったのが、いつまでも賠償でもねえだろってんで無償援助に変わったんだ。この無償援助ってのが半端な金じゃないから、それを当て込んだ商売で各社が食えてたってわけだ。各社ともに暗黙の縄張りみたいのがあってトウツウは農業省、四菱は重工業省とかそれぞれが自分の縄張りでそれなりの商売をやってて、お互いの縄張りを荒らさないって不可侵条約みたいのがあったね。だから商売と私生活は別物で私生活では駐在員も少ないので、同じ日本人同士として仲良く付き合っていたね。まともなレストランもないようなとこだし娯楽なんてのもないから且つそれぞれが豪邸に住んでいたので家でパーティなんかやって呼んだり呼ばれたりって生活だったよ。

事務所も近い、家なんてのは歩いても行けるような距離だったな。我々、外国人が住めるような住宅街ってのは一個所に固まってた。狭い所にひしめいてて、それでもお互いが何とか食えてるって意味じゃ大阪の西成あたりに呉越同舟の状態の暴力団みてえなもんかな。それでもたまにはバッティングすることもあったぜ。農業省にも絡むし重工業省にも絡む、両方の縄張りに絡むってような案件もあったからな。その時は「偶に真剣勝負ですな」なんちゃって和気あいあいとしてたね。「おたく、どこのメーカーと組むの」なんて聞いたり「情報交換しようか」なんつうてマージャンしてたもんな。

こういう案件の多くに、いわゆるフィクサーってのが噛んでくるんだけど、このフィクサーも和気あいあいとしてたね。××はトウツウのフィクサーとか○○は四菱のフィクサーとか色分けができてるのよ。フィクサーなんてのは本来は表に出てこない存在なんだけど堂々と色分けまでできてるフィクサーってのも聞いたことねえだろ。トウツウのフィクサーの一人にヒゲって渾名の奴がいたんだわ。こいつなんかトウツウと四菱がバッティングした案件では両方のフィクサーをやってたぜ。その時は本命は四菱だったから情報提供なんかも四菱を最優先してたね。でも二股かけるというか滑り止めってんでトウツウにも情報提供してきたんよ。ヒゲが四菱を本命にしてるってのは、こっちも知ってたから「うちは滑り止めやろ。コミッションはいつもの半分やで」って言って「オーケー、それでいい」なんて言ってたんだから和気あいあいとしたもんよ。

でも商売を取る為に夜討ち朝駆けとかの苦労もしたぜ。何せ鎖国主義の国だから外国人とビルマ人の接触には当局が目を光らせていたからな。当局ってのは昔の憲兵隊みたいなもんで秘密警察だったね。元々、ビルマの軍隊ってのは大戦中に日本軍が作って育てたもんなのよ。だから組織の根底は日本の陸軍だしビルマ軍は軍艦マーチで行進してるくらいだぜ。ビルマにいる時は毎日、テレビから軍艦マーチが聞こえてきたな。今は日本のパチンコ屋でも滅多に聞かない軍艦マーチを毎日、聞いた時は妙に感動したね。そんなわけで秘密警察ってのは憲兵隊の流れからきてるのよ。外国人と組んで良からぬことを企んでないかとか目を光らせてるわけだ。当時、日本人なんて数百人しかいないから一人一人の行動をマークするくらい造作もないことよ。狭い社会でもあったしな。そんな状況だからフィクサー連中とは早朝とか深夜の密会だったね。車を尾行されてないかなんて気を使ったりしたけど今から思えばチョンバレだったんだろう。狭い社会だし誰が、どこ系のフィクサーってのは公然の事実だし、そのフィクサーがどこに住んでるかってのも割れてるんだからな。ヒゲなんてのは隠れみので雑貨屋をやってたよ。俺らはその雑貨屋へ買い物に行って、今晩何時、なんてメモを渡したりしてたっけ。

今にして思えば、当時も思ったけど、今、改めて思うと秘密警察がマークしてたのは政治絡みだな。体制への反逆とか革命に結びつくような芽を潰す、アリの一穴にならないように政治絡みの動きは些細なものでも潰すってのが真の目的だったんだぜ。俺も長いこと(五年)ビルマにいたからそれなりの人脈ってのもできて秘密警察の幹部ともダチになったよ。トウツウの現地スタッフが秘密警察の幹部と同級生だったんで紹介されたのがキッカケだ。店の俺の部屋に出入りするようになったけど気のせいか目つきは凄かったね。でも俺に親しみを持ってくれたし敬意を払ってくれて俺の部屋に入る時はチャカは持たずに丸腰だったたな。そういう気質も日本人の心にジンとくるんだろう。だから今でも仄かなノスタルジアを感じるんだな。

［ちょっと一言ＯＤＡ］

ＯＤＡってのは日本政府が金を出すってえ無償援助案件なんだよ。そして日本が金を出すんだからってんで応札できるのは日本企業のみってルールになってんだな。日本国民の税金での援助だから日本企業に還元したろうってなもんで援助されるのは日本企業と俺ら商社だな。これがいかんってわけでもねえんだよ。ドイツでもフランスでも同じようなルールにしてるもんな。それでも俺ら商社は仕込む時にハイテクものなんかを入れてスペックを固めたりするしプロジェクトものにして何たらテクノロジーセンターてなもんにすることが多かったね。だけど、そんなに高度にして、いいのかって批判があったのも事実だな。ビルマじゃなくフィリピンで問題になったよ。高度な何たらテクノロジー的にするから相手が使いこなせないって問題がけっこうあったんだな。それとか壊れても部品がないから結局使えないとかの問題もあったよ。一部の部品が手に入らないとその機械全部が使えないようなものは適してないとかの批判もあったね。発展途上国に援助するならシンプルなものがいい、丈夫で長持ちするもので壊れる時は全部が駄目になる、ブリキのオモチャみたいな物がホンマは一番いいんじゃないかって議論もだいぶ行われたみたいだな。ＯＤＡで金の一部が政治家に還元されているってんで悪の温床とも言われたね。そういう批判ってのを某週刊誌で特集でやったことがあったよ。二回くらい特集をやったところでリクルートって大きな問題が出たんで、その特集はそこで打ち切りになっちまったっけ。

［世紀の民主革命］

何だかんだ言っても商売があって食えてたけど、それが根底から崩れちまったのは歴史に残る反政府運動が起こったからよ。八八年の五月くらいから些細なことが原因で警察と学生の揉め事があったんだわ。それ自体は大したことはなかったんだけど学生ってのは、どこでも騒ぐもんなんだな。その騒ぎがデモクラシーつうて民主化運動になっていったよ。と、言っても学生が大学構内でアジったり町を練り歩く程度だったんだ。たいしたイデオロギーもなかったしリーダーもいなかった。ところが突然変異が降って沸いたように起きたね。ビルマでは建国の父と言われて全国民から崇められているアウン・サン将軍ってのがいるのよ。アウン・サンは大戦中に学生から日本軍に参加して当時、植民地として支配していた英国を倒した。そして終戦後にビルマを独立させたってえ建国の父なんだな。しかし独立を勝ち取った一年後に暗殺されて三二才で死んだ、一九四七年のことだ。アウン・サンにはスーチーっていう娘がいた。スーチーは母親の方針で英国で学び英国人と結婚してロンドンに住んでたんだ。ところが八八年の六月に病気の母親の看病の為にビルマに帰ってきたってわけよ。ここから歴史に残るドラマが始まったんだな。

狭い社会だからアウン・サン・スーチーがビルマに戻ったってのがすぐに知れ渡ったね。

そしてリーダーなき学生達は民主化運動の旗手としてスーチーに白羽の矢を立てたのよ。最初は政治に係わりたくないと固辞したスーチーなんだけど真の民主化を勝ち取るには貴方しかいないと懇願されたんだな。そしてスーチー自身も「父が命をかけて独立を勝ち取った母国が腐敗している。国を、国民を救い民主化を勝ち取ることが自分の使命だ」『民主化が起ころうとしている。この時期に母の看病で戻ったけど、これは父の魂が私を呼び戻したのだ」という想いになって民主化運動のリーダーになっていったわけだ。独立を勝ち取ったあと凶弾に倒れた建国の父アウン・サン将軍。四十年間、時計の針が止まっていたビルマ。歴史のページを開く如く起きた民主革命。そこへ偶然、帰ってきたアウン・サン将軍の娘スーチー。そして「父の魂が私を呼び戻した」という言葉とともに立ち上がったスーチー。エエ話やろ。浪花節の日本人にはジーンとくるシーンじゃねえか。これが歴史のノンフィクションのドラマってやつだよな。

こうして彗星の如く民主革命のリーダーのアウン・サン・スーチーが登場したのよ。何しろアウン・サン将軍ってのは全国民が崇めている永遠の英雄だ。その娘スーチーのリーダーシップのもとに民衆も一致団結してアッという間に国を挙げての大々的なデモになっていったね。それまでは学生達に情け容赦なく銃を向けてた国軍だけど、スーチーに対しては銃を向けることはできないんだ。なんせ建国の父でありビルマ国軍を作り育てた英雄でもあるからな、アウン・サン将軍は。その娘に銃を向けるなんてことは絶対できないんだわ。スーチーを撃てなんて指令を出したって従う兵隊も将校もいないってくらいスーチーの存在ってのは神々しいわけだ。

そのスーチーがリーダーになって学生が組織を作って民衆が一致団結したからデモのパワーは凄まじいものがあったね。日に日にデモも参加者が増えて最盛期には五十万人とか百万人の規模になったよ。後に俺が駐在したインドネシアでも政治絡みのデモが何回もあったけどビルマのあの時のデモに比べりゃチャチなガキの遊びだね。このデモには公務員も参加するし空軍の一部も参加しちまったよ。

［撃てないもんだぜ］

毎日、平均して十万人単位のデモをやるから市内はもうメチャクチャって感じだったな。軍もスーチーには銃を向けないけどデモを鎮圧するのは仕事だから、装甲車を連ねて威嚇したりするんだわ。それに対抗する為に民衆が、そこらの木を切って道路を遮断して装甲車が動けないようにするんで俺らは事務所から家に帰るのに二時間かかったりしたね（普通は十五分の距離だ）。そんな状況だから群集と兵士の睨み合いなんて日常茶飯事だったね。だけど銃を持ってるつうても二十人くらいの兵士じゃ何万人の群集なんて鎮圧できないもんだぜ。群集も撃たれるのは怖いから最後の一線は越えないけど一方の兵士もビビってたね。群集が向かってきたら撃たなきゃならない、しかし何万人もいる、弾が尽きたら自分が八つ裂きにされて殺される。そうなると銃を持ってても撃てないもんだね。「来るな、これ以上近づくな。撃ちたくない、怖い」ってえ兵士の心の叫びを聞いたような気がしたね。

そしてこの頃になると新聞の一面は連日ビルマ一色だったな。歴史の止まった鎖国の国に今、何かが起こってるってんで毎日が特集号みたいだったぜ。中国の天安門とかソ連の崩壊とかベルリンの壁の撤去なんてのは、もっと後のことだから、この当時のビルマってのはニュースバリューがあったんだな。それと閉鎖主義の国でマスコミは入れないからニュースソースがないってんで現地にいる俺らは貴重な存在だったね。しょっちゅう電話が掛かってきたぜ。ニュース・ステーションの実況からも掛かってきたな。「久米さんに代わります」って言って本人が出てくるのよ。「おふくろ、見てるか、イエーイ」ってやるような余裕はなかったね。そっちはどうですかなんて聞かれても応えられないんだよな。確かに騒動ではあるけれど俺らは仕事どころじゃないから家に篭ってて外に出ないんだよ。特派員みてえに命懸けで現場に行って取材してるわけじゃないからな。ま、当たり障りのない応答をしたけどな、と、思ってんだけどね。他社でひでえ応対してた奴もいたぜ。「どうですかあ、そちらの状況は?」「家から出ないから分かりません」「外の様子は? 窓から何か見えますか?」「庭しか見えません」てなもんよ。家の窓からは庭しか見えないけど、もうちょっと言いようがあるんじゃねえかって思ったね。それと素人に聞くんだから聞く方も誘導するとか工夫せんかいって思ったよ。

［横ならび日本人］

こうして八月になると危機感は最高潮に近づいたという感じだったな。市内は騒然として仕事どころじゃなかったもんな。商売の相手先の公団とか公社も閉まっちゃってるから仕事そのものもなかったぜ。連絡事項なんかがあるから事務所には行くけど一時間くらいで家に戻ったね。そして夜間外出禁止令も出たから夜は一歩も出られなくなったぜ。とは言ってもトウツウの社宅のすぐ裏にセイメンの社宅があったから行き来はできたんだ。トウツウもセイメンも一軒に一人だけど、この頃は固まっていた方が良かろうってんで二人ずつの共同生活だったんだわ。そしてトウツウの二人もセイメンの二人も揃ってマージャン好きときてるから午後からはマージャンしてたね、朝まで。それでも緊急事態ってんで各社とも本社は盛大、気を使ってくれたね。今みたいな不況のドン底で社員に冷たい時代じゃなかったからな。「仕事は二の次で安全第一で行動せよ」とか「必要に応じて全てを捨てて脱出しろ。それによる損は構わない」とかの温かい言葉もあったね。その温かさと社員に対する思いやりは今はどこに行っちまったんだろう。

そんな状況だから大使館を中心にして日本人会も頻繁に集まって緊急避難・脱出のタイミングなんかを相談したぜ。こういう場合、大使館としては避難勧奨→避難勧告→避難命令って段階で指示を出すのよ。この時点では避難勧奨だったけどな。大使館とは親しい関係だったから「もしもの時は、どれくらい頼りになるんですか（大使館は）」って聞いたら「正直言って、自分達のことで精いっぱいです」って言われたね。こんな調子で各社が大使館に集まって対応につき相談するんだけど、こうなると横ならびの日本人なんだな。本社からは「危険と思ったら各自の判断で国外に出ていい」って言われてんのに他社はどうするんだってのが気になるのよ。一番先に脱出するのは格好悪い、でも逃げ遅れて一番後になるのは怖いってのが本音なんだ。だ、もんで本音で相談して「そんじゃ、皆、一緒に出ようか」って横ならびの結論になったね。自主性のない、しょうもない結論よ。そして、しょうもない結論だけに役に立たなかったね。飛行機が来なくなっちまったんだ。管制塔もストに参加しちまったんで機能しなくなって、そんなとこに飛行機を飛ばせるかってんで頼りのタイ航空も来なくなっちまった。

ＮＨＫの短波のニュースを聞いてたら邦人救出の為に小渕官房長官（この当時はな）は救援機の派遣を検討って言ってるのよ。エレエことになってるなとか言いながら、マージャンしてるんだな俺らは。「ＪＡＬが来るんかな」『レーダーもないとこに、よう来んよ。アッ、それ当たり』なんて調子だ。救援機が来るとか来ないとか言ってたのが二日くらいかな。どうせ来ねえよって雰囲気になってきたところで、やっと来たね。マージャンしてるとこに大使館から「来るみたいです」とか「最終検討中」とかの電話連絡があるけど俺らは、どうせ来ないいって思い込んでたしマージャンに熱中してるから電話の度に「うるせーな」なんて罰当たりなことを言ってたね。そしたら「来ます。大至急、空港に集合。パスポートを忘れずに」って連絡があったよ。それでも罰当たりのセイメンの岡田は「この半チャンが終わってから」って言うんだな、バカヤロってんだよ。「んじゃ、この状態にしておいてまた、帰ってきた時は、ここからのスタートだ」って言い張るんだ。なんせ、その半チャンは岡田がトップ目だったからな。んん、その執念を仕事に出さんかいって思ったけどね。こうしてやっとの想いで救援機でバンコクへ出て日本に一時退避したぜ。その後、どうなったかってえと一週間後に軍が無血クーデターを起こして軍事政権設立で一件落着にしてしまったよ。その後の話とか、もっと詳細ってのがあるけど、それは別の機会に書いてみるかな。

[ビルマの竪琴]

って有名な映画があるんだよ。飛行機が来なくなっちまってからも俺らは相変わらずマージャンしてたけどさすがに疲れたので休憩つうて一杯飲みながらビデオを見たんだわ。この映画のビデオをな。昔の三国連太郎の白黒の映画じゃなくて中井貴一主演のやつだ。昔のはビルマで撮影してるけど中井の時はロケの許可が出なかったんでタイで撮影してるんだな。それでも飲みながら見たんだよ。最初は「タイのロケが見え見えだ、あれエメラルド寺院だろ」とか「ビルマの坊さんが竪琴なんか弾くかよ」なんてチャチャ入れながら見てたんだ。ところが途中からドラマに引き込まれてしまって誰も声が出なくなっちまったのよ。なんせ状況が状況だろ。飛行機も来なくなっちまった、取り残されて脱出できない、いつ帰れるかいなって状況で見てるんだからな。映画の主人公の水島上等兵に自分がオーバーラップしてきちまったんだね。

「水島ー、一緒に日本に帰ろう」って呼びかけに応じず「多くの同胞が眠るこの地を離れられない」と言って一人だけ残る水島。このストーリーを自分に当てはめちまってよ、ジーンときてチャチャなんか入れる余裕もなかったね。ビデオを見終わった後、誰も声が出ないんだ。マージャンの続きって気にもなれなくてな。「何か疲れたな、久しぶりに寝ようか」

とか言って三々五々、解散したよ。まあ、皆で見てたから堪えたけどあれは一人で見てたら絶対、泣いてたと思うね、みんな。中井貴一ってのはいい役者だと思うよ。そして映画ってのは、どういう状況で見るかってことで大いに左右されるんだろうな。

［各社開店休業］

こうして軍事政権になってしまった、そして各商社とも商売がなくなって休業状態になっちまったね。何でか？　ってえと各社とも日本政府が金を出す援助案件で食ってたんだよ。ところが日本政府は援助凍結を決定したんだわ。日本政府の原則として軍事政権には援助は出せないって不文律があるからだ。しかもアメリカからも「援助凍結」って圧力が掛かったからな。そんな時に昭和天皇が御崩御されたんだ。その時も軍事政権の大統領を大喪の礼に呼ぶかどうかでだいぶ、議論があったね。ビルマって国は親日感を持ってるんだよ。長いことビルマは英国の植民地だった。そこへ日本軍が進出して英国を一旦は蹴散らした、結果的には日本は敗戦したけど英国を追い出した、そして独立のキッカケを作ってくれた。独立できたのは日本のお陰だってんで日本に対しては感謝してるんだな。中国では日本軍も元気だったから悪さもようけしてるけどビルマでは補給も絶たれて食うや食わずの敗走で体力もないから悪さもしてないのよ。そして同じ仏教国ってこともあって日本には親近感を持ってたわけだ。

そんなわけでビルマ側としては昭和天皇の大喪の礼に参加したいって気持ちがあったのよ。純粋な気持ちだ。それを軍事政権があ、とか、国交の問題でえ、とかで議論してたんだな。役所ってのは、そういうもんだろうけど俺ら民間人は影の声で怒ったね。純粋な気持ちで天皇をお見送りしたいってんだから参加したれよって思ったね。俺なんかバリバリ右翼だから、そういう気持ちが強かったぜ。「大喪の礼の時間に合わせて海外にいる日本人も黙とうを」って指導が日本からきたんだ。俺はもちろんそうしたし現地スタッフにもそうさせたよ。「日本という国を、国民を守らなければならない。朕はどうなってもよい、無条件降伏を」って昭和天皇のお言葉があったから今の俺達がいるんだって俺は思ってるよ。だからそれを現地スタッフにも分からせた上で日本に向かって黙とうさせたんだ。日本はどっちの方角だって調べてな。最終的にはビルマ側からの参加を受け入れたけど建前論なんかで下らん論議なんかせずに、もっと気持ちよく素直に受け入れて欲しかったね。

　そういう議論ばっかりやってるんだよ、役所とか何たら省ってのは。挙げ句の果てに経済を破綻させちまって公的資金導入とかで俺らの税金を穴埋めに使ってやがるんだからな。横道にそれちまったけど、とにかく、そういうわけで援助ストップで商社はお手上げの休業状態になっちまった。ビルマ側は暫定政権って主張したり、閣僚全員が除隊して軍事政権じゃないって主張もしたけど日本側が受けないんだよ。でもビルマの新聞でオモロイ主張をしてたな。アイゼンハワーだって軍人じゃねえか、軍服を脱いで大統領になったじゃねえか、俺達も同じだ、軍服を脱いだんだからアイゼンハワーと同じだ、アメリカと同じだって主張してたな。んん、一理あるんじゃねえのか。

［辞表覚悟の暴行未遂］

日本の援助は駄目だってんで当時の俺の唯一の頼みの綱は世銀の資金で進めていた脱穀案件プロジェクトだ。世銀ってのはワールドバンクつうて金持ちの先進国が拠出した金を発展途上国に貸してやるわけよ。日本も金持ち国として拠出してるけど昔は日本も世銀から借りてたんだぜ、知ってた？　東海道新幹線ってのは世銀から借りた金で作ったんだぜ。昭和六十年くらいまでかかって返済したけどよ。昔は金なかったんだよ、日本も。それが金持ちになって調子こいてバブルの時はアメリカの不動産も買っちまったな。そしてバブルが弾けて豊かそうにしてるけど借金まみれになっちまった。成り金の典型的な破綻パターンだな、日本そのものがS昌夫だ。えーと、本題に戻してと。世銀の金で進めてた脱穀案件プロジェクトなんだけど、これもフィクサーみたいな奴を使ってたんだ。言葉としてフィクサーつうてるけど、こいつらはフィクサー気取りってとこでそんなに実力があるわけじゃねえのよ。使い走りの情報屋ってえ程度だ。その時、使ってた奴がミンルイって名前の野郎だ。この野郎に俺はトコトン騙されたな。トウツウがこの商売を取れるように工夫してるから大丈夫って言うし申請も許可も大丈夫っていろんな書類のコピーも持ってきたよ。でも、そういう書類のコピーは全部、偽物だったたな。あまりにも時間がかかり過ぎる、オカシイってんで本社の担当課長の木寺も出張してきたんだわ。んで木寺と一緒に調べたら、どうもミンルイの野郎の言ってることはガセだって確証を掴んだんだ。そして次の日、呆けた顔して事務所に来たミンルイを木寺と二人で問い詰めたんだわ。俺なんか頭に血が昇ってるから野郎が来たとたんに「てめえ坐れ」つうてイスに投げ飛ばして坐らせたね。「吉田、暴力は絶対やめてくれよ」って前置きの後、木寺と俺で野郎を問い詰めた。この期に及んでも野郎は誤魔化そうとしてシドロモドロなんだよ。俺は頭にきてるから「てめえ、嘘つくんじゃねえ。吐け」って分厚いファイルを野郎の顔に投げつける。「吉田、やめろ。暴力はやめろ。俺のいるとこでするな」ってえから「そんなら木寺さん出てってくれ。ホテルに戻ってくれ、俺が勝手にやる」ってなもんで大騒動よ。

そうこうしてる内に他のアポがあるから俺と木寺は出かけなきゃならんので一旦、打ち切りだ。打ち切りつうても、これ以上はもうねえんだけどな。外出から戻ったらミンルイの野郎は当然トンズラしてるわさ。木寺は俺と外出した後そのまま空港へ行ってバンコクに出たんだ。ミンルイの野郎が事務所に戻るわけはねえから俺は野郎のヤサに行ったね。俺の運ちゃんが野郎のヤサを知ってるからな。家に行きゃあ野郎が包丁でも取り出して抵抗すっかもしれねえって思ったから鉄鋼部からサンプルとして送ってきた手ごろな鉄パイプをベルトの後ろに差して野郎のヤサに行ったのよ。鍵かかってて誰も居なかったわ。夜になりゃあ戻ってくるだろう、夜討ちだつうて俺は事務所に戻ったんだよ。

そして夕方、バンコクの池山支店長から電話が掛かってきたぜ。池山さんは俺を弟みたいに可愛がってくれてる兄気分だ。「おう、どうしてる。元気か」って電話だ。木寺が池山さんにことの顛末を説明したのよ。そして「吉田はミンルイをドッキに行くと思います。池さんの言うことなら聞くでしょうから止めて下さい」って言ったんだな。だから、そういう趣旨の電話だったよ。「おめえが何を考えてるか分かってる」って始まった。「やめとけ。そんな下らない奴を相手に事件なんか起こすな。一生を棒に振るな」『池さん、俺、我慢できないすよ。いいんです、あいつをドツいたらそれでいいんです』『支店長としてもトウッウマンとしても責任取ります。その覚悟でやるんすから』『お前の言うことは、よう分かる。俺もお前の立場だったら同じことをするだろう。だけど、そんなことで人生を棒に振るな。親を泣かせるな』『池さんの言葉、嬉しいです。でも我慢できないんですよ。見逃して下さい。何も聞かなかったことにして下さい」てな問答を三十分くらいやったね。池さんは喜怒哀楽の激しい人だから泣きながら俺を説得したんだ。そして俺も分かった、何もしないって約束したよ。だから、ここで終わり、未遂ってわけだ。

でも、その後、池山さんは俺の面倒を見るのにアチコチに根回ししてくれたね。機械部の本部長なんかに、このプロジェクトが取れなかったのは俺の落ち度じゃないって説得したり木寺には余計なことを言うなって釘さしたりしてくれたね。でも木寺は、この未遂事件をしゃべってるな。社内で知ってる奴がいるんだからよ。その池さんも五年前に亡くなったよ。俺はこの事件の半年後に任期満了で帰国した。

[タイの彼女]

「あのバカ」シリーズだから自分のことも最後に書いとくわな。俺はビルマにいただろ、ビルマでは飲み屋もないけど隣の国タイのバンコクは天国だったのよ。ラングーンからバンコクは飛行機で一時間だ。だから生理休暇も兼ねて、しょっちゅうバンコクには行ってたな。そして何軒か行った飲み屋の中で自然と彼女ができたんだ。そのうち彼女の部屋に泊まるようになり挙げ句の果てに家を買っちまったよ。すまん、オヤジ・おふくろ。ま、ま、昔のことだから時効にしてくれ。まあね、皆さん、俺、こんなヨタ本を書いてるけど親の顔が見たいなんて言われるのが一番、辛いんだな。オヤジの知り合いにはこの本は見せられねえよ。あの吉田さんの坊っちゃんが、とか吉田先生の息子さんが、こんな本を、って言われてまうくらいタカ・トンビなんだよ。トンビがタカの逆でな、俺んとこはオヤジがタカで俺はトンビよ。親孝行も兼ねて言うとこうかいな。

俺のオヤジは北大の工学部を出て工学博士でな片手間に大学で教えたりもしてたわ。その俺は物理とか化学とかチンプンカンプンだったね。だからオヤジが家庭教師だったね。会社に入ってから仕事の関連で四菱重工の石油化学プラントの分厚い資料を家に持ってかえって読んでたんだ、英語の資料だ。さっぱり分からなくて辞書を引きっぱなしよ。んで気まぐれで、それを覗き込んだオヤジが言ったね。「何だ、簡単なものを読んでるんだな」って。んで「俺は全然、分かんねえ」つうたらサラっと目を通して全部、教えてくれたよ。いつまでたっても家庭教師してもらってんのよ、ハハ。オヤジは工学専門だけど頭のいい人間ってのは何やっても頭いいんだよ。貸してるマンションの家賃が滞った時も六法全書を買ってきて半日くらい読んで該当の法律を列挙して内容証明で督促状を出して取りたてたよ。ま、頭の良さと資産作りは別みたいだけどな。そっちの方は何も考えないタイプのオフクロが即決でマンションなんか買って転がしてアッという間に増やしちまったね。「あーた、練馬のマンション買いましたよ」なんて大根を買うような調子でな。「建築基準とか内容しらべたのか」とかオヤジは言ってたけど「どうせ転がすから、そんなもんいいのよ」てな調子だ。んでも結果的に女のカンだけでやってて成功したもんな。まあ、そんな調子でオヤジには頭あがんねえんだよ。「俺は、いい部分の遺伝を受けてないよな」って卑下して言ったら「体は丈夫だし逞しいじゃないか」って。誉めてないよな。「いい部分を引き継いでない」って息子が卑下したら「そんなことない」って言ってくれんと会話にならねえぜ。体が丈夫とか逞しいとか、誉め言葉じゃねえよな。俺が土木作業員とかレスラーやってんなら別だけど商社だもんな。

んで、どこまで言ったけ。そ、タイで女ができて家も買っちまったってとこまでだったな。そ、律義な俺はずっとその彼女とだけだったな。そして俺が日本に帰国する時も「心配すんな、日本に帰っても生活くらい面倒みたる」つうたのよ。そして帰ってからも毎月十万円送ってたんだ。それもまた律義に二年間送ってたね。タイまでは遠いから半年に一遍くらいしか行かないのによ。でも二年も続くとさすがにシンドくなったんだ。でも、もう、いいだろうってんで送らないと催促の電話がくるんだわ。「サラリーまだか」ってな（日本語で）。「もうエエやないか」とか「俺も別の生活が」とか言えねえんだよ。なんせ俺のタイ語なんて片言だし彼女の日本語も似たようなもんだから電話で会話なんてできねえんだ。だから説明できない、送る、遅れる、催促の繰り返しだったね。電話は俺の部屋に掛かってくるのよ、帰宅した頃を見計らって深夜に。国際電話だから受話器を取ったらピッつうから分かるのよ、んで、うわまただってなもんだ。電話を取った瞬間にゴホゴゴゴッホンって咳き込んで「ボク、かぜ、スピーキング、だめ」って演技したり酔っぱらいになって「ドリンキング、たくさん、ぼく、ダウン」つうたりで情けない演技もしたぜ。誰もいないとこだからいいけど会社なんかにかかってきたら、こんな真似できねえなって思ったね。

そうこうしてるうちに誰かが代筆して英語の手紙が内容証明で来たわ。内容は「あなたは面倒みるって言った。愛は永遠」とかだった。んで「永遠でも壊れるものもある。私は一人で生きていく」って。あー良かったと思ったら次のページに「生きていくにはお金が必要、アイスクリーム屋をやるから資金をくれ」って。ここでオーマイゴッド、でも金額を見たら約五十万円だったからそれで手うってすぐ払ったよ。んで後でバンコクに駐在してた奴に言ったら「お前もか。俺ん時もアイスクリーム屋だった」って。よう分からんけど、こういう場合の名目はタイではアイスクリーム屋なのかもしれねえな。

［アホのジュマディ］

最後と言いながらもう一個あった。俺のジャカルタでの運転手のジュマディって奴だ。こいつはアホだったね。ま、運転手なんてのはアホが多いんだけど、それでもこいつは別格のドアホつうか天然バカつうか、んん、こんな表現しかねえのかな。まず運転技術とか地理感は全く駄目だったな。それでも忠誠心だけは人並み以上だった。だから逆に始末が悪いのよ、ドアホと人並み以上の忠誠心が相乗逆効果になる時もあるんだよな。アホな自分が何かをやらなきゃって考えることもあるんだろ。でも考えるってのが限界を越えると脳みそが砕け散るってタイプなんだろな。時々、頭いたくなっちまうのよ。頭以外は人の十倍くらい健康なんだよな。時々、道路の真ん中で止まっちまうのよ。三車線くらいある道路とか高速でな、な、こたお構いなしなのよ。道路の真ん中で急に止まればこっちはビックリするわな。他の車はビイビイ鳴らして横を飛ばしていくしよ。急に道路の真ん中で止まるから「何や」つうたら「頭がいてえ」つうのよ。「バーロー、こんなド真ん中で止まるんじゃねえ」つうても「痛い、割れそうだ」つうて割れないように両手で頭を押さえてるんよ。こっちのが頭いたくなるわい。

そんなバカなんだけど俺が飯くう時はメシ屋の前で飲む時は飲み屋の前で直立不動でじっ

と待ってるのよ。俺らが行くとこはリトル東京みたいなブロックになってるとこで、そのブロックの中はいつも込んでるから駐車が大変なんだわ。他の運転手どもは空いてるとこに止めてそこでボケっと待ってるか寝てるね。だから車を探してそこまで歩くんだわ。俺の運転手だけはどこに停めようが店の前で直立不動で待ってる忠犬ハチ公みたいな奴なのよ。だから総務の町崎が言うとったわ。ジュマディは運転は下手、地理感はゼロ。だけど体だけは丈夫だから休まない、アホだけど忠誠心はある。そうすっと総合力では一番エエ奴かもしれないって。「運転だめ、地理感ゼロ、即ち学科は全部だめだけど掃除当番を率先してやるとかウサギ小屋の世話を毎日やるとか通信簿の欄外で勝負のタイプでっせ」って言うとった。んでも総合力でトップになっちゃうってよ。

ジュマディは頭わるいし言葉も通じねえから俺が帰国（帰任）つうても分からねえだろうな。帰国するつうても「ジャカルタへの便は?」って聞くだろうな、迎えに来るのが仕事だから。「そうじゃねえ、帰国、日本に帰っちゃうの」つうても「で、いつの便?（ジャカルタに）」って聞くだろうよ。えーい言っても通じねえからってんで俺が帰っちゃうと毎日、東京からのＪＡＬの到着時間に空港に来て待ってるだろうな。ゲゲ、ほんまのハチ公やんけ。そのうちに毎日、同じ時間にきてじっと待ってる奴がいる、蘇ったハチ公なんて新聞で出ちゃうんじゃねえかな。あのハチ公が人間の姿になって蘇ったなんて朝日新聞のほのぼのコーナーなんかで取り上げたりして。んで全国的な話題になっちゃったらどうするかな。トウツウの運転手ハチ公なんて新聞で取り上げられて社長なんかも感激しちゃって吉田君、きみ社外重役としてトウツウに復帰してくれんかな、なんて——なるわけねえわな。

［中間エピローグ］

さて、長々と東京時代、大阪時代、ビルマ時代のことを書いちまったけど一応このへんでこの章は打ち止めにしとこう。この後はインドネシア編もあるけど第一作でだいぶ、書いたから省略しとくわな。まあ、こうやって入社時から振り返って書いてみると時代の流れってのが分かるね。俺は鉄・機械関係だったけど一昔前は花形だった鉄・機械なんて今はガタガタだもんな。まあ、機械に関して言うと他社は別にガタガタってわけじゃないんだけどね。でも鉄は時代の流れで商社の商売としては衰退傾向だな。昔は問屋制みたいなもんで国内でも伝票商売みたいのがけっこうあったから食えてたけど今は中間排除の傾向でメーカーとユーザーが直結時代になっちまったよ。間に入ってた商社は切られたり口銭減らされたりで食えなくなったね。時代が変わって死滅したザリガニ・タガメになっちまったね。中間排除、ユーザー直結で価格破壊を某スーパーが三十年かけてやったからその影響でもあるわな。その某スーパーも一時は飛ぶ鳥を落とす勢いで老舗デパートの株を取得したけど、ガタイが大きくなりすぎて今はガタガタだもんな。

第三章　毎度おなじみバカ話

同じパターンで済まんね。でも、こういうバカ話ってのも、その時代の証として書いたもんで残しとけば何かの役に立――たねえかな。ま、しょせんバカ話のヨタ話だ固いことは抜きだぜ。

[安保の意味がやっと分かった]

この意味をしみじみと噛み締めるというか実感で分かるんだな今は。俺は、ここトウッウ・インドネシアに転籍したんだよ。転籍ってのはもう何回も言ったけどトウッウからは退職して別会社のトウッウ・インドネシアに再就職って形よ。そういう転籍組が俺以外に三人いるんだわ。俺ら四人以外は皆、トウッウ本社からの駐在員なのよ。転籍ってのは退職の時点で満額の退職金を貰っちまってるから結構オイシイんだけど急激に事情が変わってきちまったな。トウッウの本社が経費の更なる削減の為にもっと多くの奴を転籍させろって言い出したんだ。でも転籍させるには子会社のポストとか枠があるやろ。そしたら既に転籍してる奴を斬ったらエエってことになりやがったね。そんなわけで転籍してる連中はヤベーかなと思ってるんだな。さて転籍四人組をまず紹介しとこうか。吉田君(俺や。筆者や)‥トウッウ・インドネシアの前身トウッウ・エクスポート・インドネシアの輝かし(く、ねえよ)もと社長よ。元が付く? そ、この本の第一作で怨み節を込めて長々と言うたやろ。解任されちまったんだよ。社長チョンになったの。商売でトラぶって百万ドル(一億円)の大損が出たからだ。何回も言うたけど冤罪やど。んで俺の冤罪主張に一理ありってんで解任はされたけど取締役で残ってるんだよ。

大山君：インドネシアに七年。税務・総務担当、専門知識あり交渉能力抜群且つインドネシア語堪能。余人をもって代え難い人物（応募の履歴書みたいになってきたな。大山君、感謝せえよ。この本がミリオンセラーになったら日本中の会社が君を三顧の礼で迎えるぞ。うおっほん）。島岡君：電子機器担当、コンピューター関連の専門知識をベースに画期的な商売を構築。エース的営業マン（履歴書みたいになってきたな。島岡君、感謝せえよ。この本が売れたら――もうエエちゅうの）。大平さん：食糧・物資担当だけど厳しいなぁ。この本が売れたら印税、分けたる。ちょっとだけな。せこいね、ハハ。

と、まあ、これが転籍四人衆なんだわさ。筆者、大山、島岡、大平、この四人の紹介から分かるだろアンタらも、誰が危ないかって。そ、危ないのは俺なんだよ。順番でいくと次は……。切る、捨てるってのは要らない順なんだよ。要るものから捨てるバカはいないわな、マージャンと同じなんだよ。北（ペイ）とか西（シャ）とかの一枚しかないクズ牌なんてのは早々と捨てられちまうんだよ。俺は、そういう類の不要なクズ牌みてえなもんよ。情けねえけどクズ牌たる理由ってのを詳しく言うとだな、俺は元社長だ。しかしね元社長ってほど不安定つうか使い勝手の悪いものはねえんだよ。しかも輝かしい実績があっての勇退ならともかく解任なんて過去のある社長はどうしようもないね。何ぼ冤罪で解任になったつうても記録上は解任なんだよ。つまり失格の烙印が付いちまってんだな。まあ商社マンなんてのは、特に営業担当は、これといった手に職みてえなセールスポイントってのがねえからな。聞きかじり、良く言えば広く浅くの知識で口八丁で大会社のカンバンをバックに商売してきたから個人としてのセールスポイントってのがないね。しかも社長ってのは実務なんてやらねえから一担当に逆戻りすると、どうしようもねえんだ。引退して十年もコーチやってた奴が急に選手に戻れ、内野を守れたってできねえんだよ。草野球なら務まるけど金にはならねえだろ。社長が担当に戻るってのは、そういうのと一緒。決済のリスクがあ（内野ゴロは体の正面で受けて）とか、客の実態を見極めて（ボールを引き付けて打て）とか抽象的な理論ばっかりで体がついていかねえんだよな。

俺は一応、取締役って肩書きがあったけど実質は担当者にされちまったのよ。トウッウ・インドネシアの川本社長が「吉田君（俺や。もうエエってか）を社長補佐として営業総括を」って言ってくれたんだけど本社の管掌役員の下杉が「トウッウ・インドネシアは中小企業、そんなとこに補佐なんか不要。屋上屋を重ねるようなもの」つうて一蹴されちまったのよ。それでたまたま、機械部門が誰もいないってんで営業総括兼機械部門の担当重役ってことになったんだよ。と、ともに機械担当の一担当者としてノルマを付けられちまったんだ。五十万ドル（五千万円）の利益って。無理やで、ベースが何もねえんだから。四菱重工とか西芝製作所の製品を売り込むとか或いは客筋がそこそこ当てがあるとかじゃねえとな。メーカーの当てなし、客の当てなし、「ないないづくし」で見事に何もねえんだよ。しかも一年って期限付きなんだわ。ノルマってのは数字だから誤魔化しは効かんわな、ってことでいずれ結果は出ちまう。出ちまったらポイのクズ牌だ。

大平が食糧・物資の担当になった経緯ってのは俺と似てるのよ。大平はジャカルタから一時間の所のスラバヤってとこの所長だったんだ。でもスラバヤってのは商売もパッとしないんで日本人不要、所長も不要ってんでジャカルタに移動になったんよ。で、何をやるかって時に食糧・物資は担当駐在員がいないってんで食糧・物資の担当になったのよ。商売がないから駐在員がいないってえ砂漠だったんだな。どっちも似たようなもんなのよ。てなことで最近は「同病、相憐れむ」ってことで、このところほとんど毎日、晩飯も一緒だぜ。俺といるとホッとするんだろうな。人間ってのは自分と同じかそれ以上に不幸な奴を求める生き物なんだよ。そういうところからきてる親近感ってのも情けないけど、お互いが相手を見てホッなんだな。

そうかあ、こういうのを安保協定ってんだなと実感で理解できたね。安保なんて騒ぎは俺がガキの頃だから、そん時は意味なんて分からなかったぜ。「安保反対」ってデモやってたけど俺らガキは「安保反対、アンコ賛成」ってハシャいでいたな。そうや、あの頃は皆、貧しくて甘いもんに飢えてたんだわ。と、遠い昔を回想して涙ぐむ道孝（俺の名前や。筆者‥吉田道孝ってなってるやろ）てなことで俺と大平は「安保協定ホッ同盟」の仲になったんだよ。情けないって形容詞がつくけどな。どや、悲惨やろ、可哀相やろ、「一杯のカケソバ」より泣けるだろ。でもね、人間の本性ってのはそういうもんなんだぜ。サラリーマンに限ったことじゃねえんだよ。いわゆる出る杭は打たれるってやつよ。部下が足し算もできねえようなバカじゃ困るけど自分よりも遥かに優秀ってのも困るんだよ。部長とペーペーくらいに年とか地位が離れてりゃいいけど部長と部長補佐、課長と課長補佐くらいの関係だと微妙なんだよな。自分が凌駕される、地位を奪われるって恐怖があるからよ。これは役員でも一緒だろうよ。サラリーマンだけじゃなく人間みんなそうなのよ。女同士でもそういうとこってあるだろ。美人と美人の親友ってのはあんまりないぜ。お互いが自分のが美人って我を張るから親友にはなれねえんだろうな。だから美人とブス、自他ともに認めるくらい優劣がハッキリしてる方が親友の関係が続くんだろうな。これも一種の安保なんだよ、共存共栄の原理なんだな。美人はブスを引き立て役にするだろ、ブスは美人に擦り寄って来る奴のオコボレを狙うチャンスがある。どや、立派な共存共栄やないか。男にとってはこういう共存共栄ってのは迷惑なんだけどな。

[死刑囚が長寿記録者になったら?]

会社がもっと多くの奴に辞めてもらいたいってんで二ヶ月の期限限定でまた早期退職・割増しも出すってやってんだ。「舟が出るぞー、これが最後だぞ」ってやってんのよ。んで、この呼びかけに応じるかどうしようかって俺の同期の横田が迷ってんねん。で、どうしようかなって一杯飲みながら愚痴と相談かまされたんだ、昨日。でもね奴の悩みを聞いてて思ったね、死刑囚の悩みみたいだって。横田はまだ正社員で残ってるんだけど転籍の対象になるってことは、どのみちエエ目はないんだよ。転籍して年収は下がるけど退職金は今、貰える、どうしようかなって悩みだ。転籍しちまうか、目立たないようにしてて社員のままで生き延びるか、二つの選択しかねえんだけど堂々巡りの悩みなんだよな。「退職金と割増し貰って転籍した方がいいかな」「でも年収が下がると——、子供が高二と中三だしな」「これからは年俸制で下がるし退職金も制度が変わって下がるから今、辞めた方がいいかな」「リストラが終わって人員が減ったら年収も良くなるかもしれないから残る方がいいかな」ってな堂々巡りなんだな。

これって死刑囚の悩みだなって思ったね。転籍の対象ってことは社員としてのエエ目はないってことでリストラ(死刑)って判決が確定したとしようか。どうせ死ぬんだからってんで一か八かの大バクチで脱獄を図るか、じっとしてて執行の延期を期待するか、どっちかしかないんだよ。横田の堂々巡りの悩みを死刑囚に置き換えると、こうなる。「どうせ死ぬんだ、脱獄をトライしようか」「じっとしてれば法務大臣が執行の書類に判押すのを先送りにするかもしれない、生き延びるかもしれない。脱獄に失敗すれば刑が加算で即執行になるだろう」「大臣が判押しちまったら終わりだ。座して死を待つより果敢にアタックすっか」「もしかすっと北方領土返還で恩赦があるかも、死刑を逃れるかもしれない」「北方領土返還なんて夢みたいな話や。（呼び戻せ、父祖の築いた、北方領土）って長いこと言ってるけど無理やんけ。やっぱ恩赦なんてねえよ。脱獄しよ」「脱獄しても網走の雪の山は寒いしな。道も分からねえし。熊にでも食われたら何してっか分からんなあ」。って死刑囚の例えを横田に言ってやったら「んん、その通りや」って妙に納得してた。俺はこういう即効の例え話が上手いのよ、何でこれが商売に結びつかねえんかなって欠陥はあるんだけどね。

でも横田が言うんだわ「いっそのこと、お前は一週間後に死刑ってハッキシ言われた方がいいよな。そうすりゃ覚悟決めて脱獄するのに」って。俺は即座にアホ！　つうたったよ。「脱獄するならするで一年がかりで穴ほるとか計画を立ててやらなアカン。思い付きでやったら失敗するだろ。一週間しか準備期間がなけりゃ計画も立てらんないだろ。計画性を持って取り組まんかい」って説教したったぜ。これもまた横田は納得だ。俺のことを尊敬の眼差しで見て――ねえけどな。でも俺は後で思ったね、死刑囚は横田じゃなくて会社そのものじゃねえのかって。

死刑ってえと刑が執行されないまま天寿を全うした死刑囚がいたよな。一応、この本は登場人物、社名は全部、仮名にしてあるからこれも仮名にしとくけど有名な国銀事件ってあったろ。平本容疑者だ。これは冤罪って騒がれたから歴代の法務大臣が判を押さずに先送りしてたんだよ。んで刑の執行が為されないまま天寿を全うして九二才で死んだよな。しかしなあ、九二才つうたら長生きだぜ、平均寿命よりも遥かに長いぜ。シャバにいる家族や親族より長生きだろうよ。事件の被害者の家族の方が死に絶えたんじゃねえか。でもさ九二才じゃなくてもっと長生きしたら、どうなったんだろうな。気がついたら日本一とか世界一とかの長寿記録保持者になってたなんてことになったら、どういう対応になったんだろうな。（世界記録保持者に刑を執行するのか）とか（人類未到の記録を断ち切るのか）とか（世界中が注目してる記録をブチ壊すのか）とか（自国の法律に固守して日本は横暴を貫くのか。世界を敵にまわすのか）（昔の大日本帝国主義の復活か）とかで世界中から非難轟々で収拾つかなくなったんじゃねえのか。得体の知れない何たら平和団体が抗議するわ、ＣＮＮとかＢＢＣとかマスコミが叩くわ、アメリカの大統領から圧力が掛かるわでヘナチョコ法務大臣なんかビビっちまって判を押さねえだろうな。「俺もう、やだー」つうて辞任しちまうぜ。「法務大臣が辞任すっとワシが矢面に立つ、ワシもやだー」つうて首相も辞任したりして。で、結局、内閣総辞職なんてことになっちまったら笑っちまうよな。

[ヤクザと提携するか]

商社も銀行も未回収債権ってのをようけ抱えて毎年、ごっつい金額を損金処理してるぜ。トウツウも例外に漏れずだ。大体ね、ホワイトカラーって人種は取りたてとか焦げ付きには弱いんだよ。焦げ付いて取りたてに行って「ないもんは、ないんですわ」なんて言われると、どうしていいか分からねえんだよ。「どないせえ、言うんや。こっらあ」なんて凄まれた時はヒエエてなもんよ。一緒にいった部長なんてブルっちまって、でも強がって「こんな人種とは話しても分からん」とか言って逃げちまったりして。取りあえず上司に報告してホッ。報告された上司は更に上の奴に報告してこれもホッ。ってえ不幸の手紙のタライ廻しでホッばっかしなんだよ。それから、おもむろにというか密かに稟議書類とか決裁取得の書類とかを目を皿にしてチェック。社内ルールに違反してない、許可も取ってるってのを発見、確認できた時は声には出さないけど「エガったあ」なんだよ。んで同期の奴に「今日は奢るぜ」とか言って居酒屋なんかで「ヤバかったで。でもルール違反ねえから一安心でよう」なんて祝杯あげちまう奴もおるぜ。こんな調子だから取りたてとか回収ってことじゃサラ金の足元にも及ばないね。それにね書類面はともかく危機管理には意外と疎いし情報も遅いのよ。

伊藤（株）が倒産なんて俺らが聞きつけて駆けつけた時は手遅れだね。わけの分からねえ整理屋とか回収屋みてえのが目ぼしい物、全部持ってっちゃってるね。例え手遅れじゃないとしても「勝手に持ち出すと不法侵入と窃盗で逆に訴えられることもある」なんて法務部の少々物知り君みてえのがノタまうんだな。そんなもんなんだよ、ホワイトカラーってのは、特に大会社は。倒産して金払えねえって相手に不法侵入もクソもあるけえって根性に欠けてるね。俺なんか入社五年くらいの時に相手が倒産したからってんで行かされたよ。でも俺が行った時は目ぼしい物は、その道のプロに根こそぎ持ってかれちまって何もなかったな。唯一、残ってたのがデケえ秋田犬よ。何か持って帰らねえと怒られると思ったから、この秋田犬を会社まで持って帰った。しかしデケえ犬だから引っ張るのも大変よ。電車なんかにゃ乗れねえから頼み込んでタクシーに乗ってな。最初はタクの運ちゃんにも断られたけど人の良さそうな運ちゃんにカクカク・シカジカ、これ持って帰らねえとクビになんねんって頼み込んだね。きっとその運ちゃんは俺くらいの息子がいたんかもな。乗せてくれたぜ。でもな会社に、なもん持ってきても置き場所もねえし換金もできねえしで、課長からは「そんなもんは持ってこんでもいい」って小言、言われたぜ、ハハ。まあ、こんな具合だから回収には弱いんだわ。金がねえから倒産なんだけど、ちっとは払うわな。でも大体がヤバそうな相手への支払いが優先で大会社への支払いはションベンするんだよ。「ワシの命で払えるものなら払いたい」なんて涙ぐんで言われると、「あの社長がそこまで言ってくれたんです」なんて変に感激しちゃったりしてな。「そうけえ、命で払いたいんか。首くくれや。保険の受け取りをウチにしてくれりゃエエで」ってくらいのナニワ金融道の根性はないね。

そこで俺は考えた、どうすりゃ焦げ付きの回収が良くなるか。社員研修で再教育？　駄目だね、な、こたあ。お坊ちゃま君は何ぼ研修しても坊ちゃま君なんだよ。大学出て会社に入ったホワイトカラーってのは、どこまでいっても、お坊ちゃま君だな。結論として、外に頼った方がいいんじゃねえかな。てえことでヤクザと提携しちまおう。ま、どっちが企業舎弟でもいいじゃねえか。取りたて料で半分、持ってかれても丸損よりよっぽどいいぜ。んじゃ具体論に入ろうか。トウツウの本社ビルなんてガラガラだ。社内で高い家賃を取るから営業部が外に出ていっちまってな。連中が外に行っちまって客が減ったってんでテナントで入ってた床屋とか喫茶店も見切りをつけて出て行っちまったよ。だからガラガラ。一方、暴対法でヤクザ屋さんも事務所を借りるのに苦労してんだろ。どや、これで成立だぜ。ワンフロアーをヤクザ屋さんに貸しちゃおうぜ、家賃なんてどうでもいいじゃん。同じビルのよしみで「まいど」とか言って「沖本工業と芦村実業の分、お願いしますわ」って頼んだらいいんだよ。そのうちに相手の方もトウッウには××組がついてるらしいってんでビビるから催促なんかせんでもキッチリ払うぜ。よーし名案だつうて川口組に持ち掛けたら「アホ！　うちは超一流やど。提携するなら四菱か四井しか相手にせんわい」って断られたりして。

でもな、俺の経験からいくと請求書なんて何ぼ送っても払わないけど、ちょこっと怖もてでいくとスンナリ払うもんだぜ。実は、俺、昔、飲み屋のママと半同棲してたんだわ。その時、ツケを五十万円貯めて払わないまま東京から大阪に転勤しちまった奴の取りたてをしたことあるんよ。金村化学って大手の会社の大村って奴だった。まずはその会社に電話してデパートの外商つうて大村の所属の部課と部長の名前を聞いたんだわ。そして大村に電話したのよ。最初から怖もてでいったんだ。「赤坂のバロンの代理や」つうて「おたく、払うもん、ありまんな」って言ったんだわ。小声で「はあ、そのう」って。「これ払ってもらわんと困りまんねん。ワシも頼まれた以上、キッチリ片付けんとカンバンしょえまへんねん」って、こういう時は関西弁ってのはブランドだね。で「今、金がなくて」「でも払います」とかの後「いつ何ぼ払うのか書いたもんでバロンに返事したってくれるか」って押したね。んで念を入れて「よろしゅう頼んましたで。うちの若いもん行かすとか××部長に筋とおすとか、五十万くらいのことでヤヤこしいこと、させんでくれまんな」って。これで五十万きっちり振り込まれたで。しかしまあ、俺も会社の席から電話するわけにもいかんから公衆電話から掛けたりで気使ったで。だってよ、こんな電話を席からしてて横で「トウツウでございます」なんてやられたらワヤだろ。相手から「折り返し電話しますから」って言われた時も「ワシら、電話を掛け直してもらうような業界とちゃいまんねん」ってかわしたり工夫もしたぜ。

［鉄亜鈴型携帯電話］

今の時代は物を右左に繋ぐだけじゃ商売できない、斬新なアイディアで画期的な商品を扱わないと駄目だ。ってんでアホが考えたアホな商品の鉄亜鈴型携帯電話ってのはどうだい。これは原理は簡単だぜ。十キロくらいの鉄亜鈴の玉の所に携帯電話を埋め込むんだ。何が特徴かってえと携帯つうくらいだから常に持ち歩くだろ、そうすっと知らず知らず体力がつくってわけよ。「体力増強と健康管理の携帯電話」って謳い文句で売り出すのよ。長電話なんかすると手が痺れるくらい疲れるわな「腕相撲でも無敵」って謳い文句もいけるな。女の客には「痴漢に襲われてもこれで一撃、貞操安心」ってのもいけるぜ。使用者絶賛の声で「夜道で襲われたけど携帯でドツいて助かりました。婚約者の彼も感謝」とか「シドニーの金は携帯で鍛えたお陰です――T村亮子」とか「S日本プロレス絶賛」なんてのもいいんじゃねえか。これが流行ったら異様だけどな。皆が手に鉄亜鈴を持って歩いたり電車に乗ってるからな、んで鉄亜鈴を耳に当ててしゃべってるって光景だ。

[手づかみ鉄板焼]

もう一個アイディア商法があった。同級生の水江は建設会社にいるんだけど、こいつの話を聞いてるとビルとかマンションとかで欠陥のあるやつが多いんじゃねえかと思うね。こいつは大手の建設会社の建築部門にいるんだ。アチコチの現場を任されて現場にも入るから土木作業員なんかとも付き合うんだって。現場つうとこは遊ぶとこもないしってんで仕事が終わったら土木作業員なんかと車座で酒のんだりもするけど昔と違って土木作業員も贅沢になってるから肉とか魚介類を買ってきてよく鉄板焼で飲むんだと。んでも現場だから鉄板焼セットなんてないから、そのへんのものでやるんだと。「そのへんのものって何だ」って聞いたら基礎工事用の鉄板を使っちゃうんだって。「基礎工事用だから厚いんだよ。三センチくらいあるから焼肉ができるくらい熱くするのに一時間くらいかかるぜ」「で、真っ赤に焼けた鉄板で焼くと旨いんだよ」って。んで、「その鉄板は、どうすんだよ」って聞いたら「もちろん、基礎工事に使うよ」って言ってたな。んだけど、「しょっちゅう真っ赤になるくらい熱して金属疲労してっかもしれない鉄板を基礎に使ってエエんか」って聞いたら「相手は土木作業員やで。そんなことまで考えるかいや」って言うとった。

「怖い話やな」つうたら「もっと怖いのがある」つうの。土木作業員に、この部分をやれってのは指示書つうのを書いて渡すんだと。んで「工事、終わってから分かったけど字の読めない奴がおったんよ。だけどよ、そいつに重要な部分を任せてたんだ」って「どや怖いやろ」つうから「おめんとこの物件は買わね」って言ったよ。こん時ふと思ったんだけど神戸牛とかロブスターの食い放題、千円つうのをやったらいけるんじゃねえかな。但し鉄板で焼けたやつを素手で掴まなきゃなんないってしとくのよ。食い意地の張った奴がヤケドしながら手づかみで食うけど、そんなに食えないもんだぜ。ネクタイ締めた紳士ふうの奴とか気取ったババアなんかが必死の形相でアチチとかウワッチイもうやだーとか叫びながら食ってたら見てるだけでもオモロイぜ。

［年を感じる時］

皆で飲んでる時「年を感じる」って話題になった、よくあることだけどな。皆さんは常識的なことを言ってたね。「目が悪くなった」とか「体力が落ちた」とか「ゴルフの飛距離が落ちた」時に感じるって平凡な理由しかなかったね。だけど俺の理論には皆、納得したね。俺が言ったのは「俺は年上の女が好みだ。十八の頃は二五の女と付き合った。三二の時は一回り上の飲み屋のママだった」って。「だけどもう五十だ。年上の女が好みなんて言えなくなってるんだ」『だってそうだろ、五十になって年上とか一回り上ってえと相手は還暦やど、へたすっと孫もいるぞ』『ああ、俺はもう一生、年上を選べないって気がついた時のショック。分かるか、これが‼」って言うたったんよ。皆、うーん、つうて納得して声も出なかったね。さらに続けて言ってやったよ。「ゴルフの飛距離が落ちたから年を感じる？　何を甘ったれたこと言うとんねん』『飛距離なんかクラブを変えるとか一ヶ月くらいフィットネスで体力増強でもすれば取り戻せるやないか』『工夫と努力で回復の可能性があるやないか」「それに引き換え俺の悩みは、どんなことしても可能性ないんやど」「分かるかこの苦悩が」つうたったよ。皆、感動して納得だぜ。どや、俺って理論的だろ。

[二〇〇〇年問題のバカ騒ぎ]

一九九九年の後半から「二〇〇〇年問題」ってのを大騒ぎしたよな。コンピューターの設定の問題で思いがけないトラブルが発生するかもってんで世界中が大騒ぎしたぜ。一九九九年の十二月三一日の夜行便の飛行機は飛んでる途中で二〇〇〇年になる。その瞬間にコンピューターが作動しなくなるから危険とか言って飛行機も飛ばなかったよな。飛行機だろうと車だろうと、その瞬間にエンジンが止まるんかいや。な、バカなって思ったけど専門家と称する奴とか何たら評論家の連中が騒ぐから世界中が乗せられちまったぜ。お陰でジャカルタにいた俺は年末休暇も取れずにジャカルタに待機させられたぜ。何でかってえとパソコンとか電気とかに異常がないか元旦に出社して確認しろつうからよ。異常があった時はすぐ本社に連絡せえってのよ。「異常があったらE—MAILも打てないから連絡できない」つうたら「そん時は電話」だと。「電話も異常あるかもしれねえだろ」つうたら「携帯を使え」って。「携帯も、あかん時は?」つうたら「何も連絡ない時は異常事態発生と判断する」だとよ。便りがないのは無事な証拠ってのと反対の方法ってことよ。

ってことで元旦に出社したよ。だけどよ俺らオジンなんてパソコンとか技術になると歯が立たんのよ。だから実務部隊として経理担当の町崎も待機させたんだわ。皆、休暇で帰っちまって俺と町崎だけ残っちまってやることないから大晦日は町崎のアパートで飲み倒したね。で、もって俺なんか元旦は二日酔いだ、出社は大幅に遅れて這うように来ただけよ。んでポーっと坐ってるだけで何もしなかったね。町崎が確認とか報告とか全部やったよ。そ、俺なんか居る必要なかったんだよ。

で、ポーッと坐ってる時に思ったんだな。二〇〇〇年の次は一万年になる時が問題だなって。一万年問題とか五桁対応とかで騒ぐんじゃねえのかって。今から前もって考えなきゃいかんのじゃないかって思ったね。八千年先のことだってんで放っておいていいのか、自分たちに関係ないといって放っておいていいのか、と無性に腹たったたな。俺らの子孫の孫の曾孫の子孫のその孫の曾孫の（もうエエって）つう風に考えないのか。先のことを考えるのは俺だけなのかと悩んだね。でもさあ今は寿命とか平均年齢とか言ってるけどガンとか心臓病とか脳溢血とか全ての病気が治るようになったら将来は誰も死ななくなるかもしれねえぜ。脳、心臓、内臓、手足、全てが人工の機器になって取り替え・修繕が可能になるかもしれねえだろ。「胃の調子が悪くて」「ああ、ガンですね。取り替えましょ」で済んじまうのよ。事故で足を切断、「えーと、身長は百八十センチね。ん、じゃあ、この足だな」って付け替えるだけだ。「頭の調子が悪くて」「あんた、それは生まれつきですよ」「何とか、いいのと換えてくれい」「んじゃ、このＩＱ二百三十のにしましょうか」ってな具合になると誰も死ななくなるぜ。笑うな。そういう時代がホンマに来るかもしんないだろ。

昔は自動車部品なんて売ってなかったけど今はオートバックスで買えるじゃねえか。そういう風にして人体部品専門つうて人体バックスってのができるかもしれねえじゃん。もし、そうなったらそれを、お笑いで予言したってんで、この本は凄え価値が出るかもしれねえぞ。俺なんか歴史に残る予言作家としてガリレオなんかと一緒に教科書に載っちまうぞ。そうなると誰も死なないんだから、これ以上、人口が増えたら大変ってんで子供は作ったらアカンって法律ができるだろうな。セックスは快楽だけにすることなんて厚生省が強制指導したりして。ま、俺は快楽だけでいいんだけどね。

［人生バランスシート］

俺は落第せずに大学出たんだわ。おふくろの親友の竹村さんとこの息子は二年落第したよ。「あんたは落第しなくて良かったね。竹村さんのとこは大変だわ」って気の毒がってた。そして十年後。俺は離婚しちまった、おふくろは嘆いたね、そして言ったよ。「竹村さんとこの息子は落第したけど、今は幸せな家庭を持ってる」『あんたはストレートで卒業したけど結婚でつまづいて』『人間ってどこかで恵まれると、その分どこかで不幸になるのね、バランスって取れてるんだわ」って言うとったで。うーん、今にして思うと味のあること言うとるやんけ。なるほど人生ってバランスシートになってるんかいや。幸福と不幸ってのが生涯を通じてピッタシ・ゼロになるように辻褄あってるんか。取りあえず俺の人生バランスシートを作ってみると。幸福（落第せず）＝不幸（離婚）、幸福（タイで女できた）＝不幸（別れる時、慰謝料ごっそり）、幸福（子会社の社長になった）＝不幸（三年後に解任）うーん、なるほど、おうとる。

怒られる、怒るってのもバランスしてるな。何か問題があれば役員は部長を怒る。部長はその分を課長に怒る。課長はその分を担当者に怒る。担当者は頭にきてアリを踏み潰す。仲間を踏み殺されたアリは仕返しに堤防に穴を開ける。川が氾濫して川沿いの住宅街にある役員の家が水浸しになる。なるほど、これもバランス取れとるな。アリの一穴ってのはここからきたんだな。

[オリンピックの不公平]

二〇〇〇年、シドニー・オリンピックだったな。俺はインドネシアにいたから新聞でしか見れなかったぜ。実況で見ようと思って高い金払ってパラボラアンテナ付けたのに何だよ、見れねえじゃん。NHKが入るのに、相撲も実況で見れるのに何でオリンピックだけ駄目なんだよ。放映権の問題で？　やかまし、な、こと俺に関係ねえよ、俺はパラボラアンテナに高い金払ったんだ。返せ！　しゃーねえなと思ったらジャカルタのビデオショップでオリンピックのビデオの貸し出ししてたぜ。日本語で見出しを付けて「柔道、井上、金メダル」「ヤワラちゃん金」とかで親切丁寧だぜ。なんでい、ジャカルタのビデオショップの方がNHKよりサービス精神旺盛じゃねえか。よーし、いつの日か日本勤務になっても俺はNHK見ねえからな、払わねえぞ、ささやかな仕返しでい。遠い異国の下でお国の為に頑張ってる我ら同胞を粗末に扱うな、なーんちゃって、ハハ古いね。でもな俺はオリンピックの度にいつも思うのよ。アメリカがようけ金メダル取るけどあれって不公平だよな。日本とかドイツとか大抵の国は代表ってのは日本人でありドイツ人だよな。だけどアメリカってのはアチコチの国からの寄せ集めの多国籍軍じゃねえか。ドイツ系とかフランス系とかの奴は元々はドイツ人でありフランス人なんだよ。純粋のアメリカ人ってのはインディアンだけなんだよ。

　んで陸上なんかで金メダル取るのは皆、黒人じゃねえか。元々はコンゴとかウガンダなんだよ。連中が元々の国の代表で出ればウガンダが百メートルで金一個、コンゴが走り幅跳びで金一個ってなる筈なんだよ。それを片っ端からアメリカ代表つうて金メダルをゴソっと取ってくんだもんな。他県から越境入学でかき集めてくる高校野球と同じじゃねか。しかしさあ、柔道とかレスリング・ボクシングってのはハンディ調整で体重別になってるけど水泳とか陸上とかもハンディつけないと不公平だと思わないか。水泳なんてよ二メートルの奴と百七十センチの奴だと飛び込んだ瞬間で三十センチの差がついてるんだぜ。オリンピックの決勝に出る奴なんか実力は紙一重だろ。コンマ何秒の勝負だろ。それが飛び込んだ瞬間で三十センチの差はデカいぜ。ハンディつけねえと絶対、不公平だよ。よし、俺が決めたろう。百七十センチを標準とすっか。百七十センチの奴はスタート台は標準位置だ。二メートルの奴は標準から三十センチ下げる。百六十センチの奴は標準から十センチ前に出したる。どや、これで平等だろうが。

　陸上も一緒だな。百メートルはスタート台の位置調整でいいな。マラソンは方法を変えてみっか。身長で歩幅が違うから係数適用だ。百七十センチの奴と百八十七センチの奴は十パーセントの差があるな（心配すんな、計算機で計算したわい）。てえこたあ十パーセントのハンディ係数をつけたろうぜ。百七十センチの奴のタイムが二時間二十分だったらここから十パーセントのディスカウントをするのよ。計算はだな二時間二十分（百四十分だ）を九掛けにするのよ。そうすっと百二十六分になる。てえと二時間六分だ。おおお、新記録じゃねえか、てなもんよ。どうだいこれで、採用してみっかオリンピック委員長の夏昼飯さん（サマー・ランチ。んん、ちと苦しい）。

［父と子の桃太郎］

昔、カーマニアだった頃に運転しながら聞いた落語を俺が味付けしたんだ、ちょいと練習すりゃあ芸で使えるぜ。ってことで読者へのサービスだ。「これ、与太郎。お前いつまで起きてるんだ。もう十時じゃないか。さ、早く寝なさい。明日、起きれなくて幼稚園、遅刻するぞ」『父ちゃん、明日は幼稚園、休みなんだよ。創立記念日なんだって』「そうか、だけど休みでも、もう寝なさい。寝る子は育つんだ」「僕、眠くないんだけどなあ」「眠くなくても子供は早く寝るもんだ」「どうして、そんなに僕を寝かそうとするのさ。ハハーン、僕が寝た後で、ママと変なことするのかなあ」「な、な、何を言ってるんだ。与太郎」「父ちゃん。何、そんなに顔、赤くしてるの。僕が寝た後でママと、お茶漬け食べるんじゃないの」「んん、ああ、何だ。お茶漬けか。ま、とにかく寝なさい」「んん、眠くないんだけどなあ」「父ちゃんが、お話ししてやるから布団に入りなさい」。

親子が布団に入る。「父ちゃん、早く、話してよ」「お、ん。えーと。布団被ったな」「うん」「えー。あ、歯みがいたか」「磨いたよ」「えー。おっ、おしっこしたのか」「したよ。父ちゃん、どうしたのさ。こども相手に何モジモジしてるのさ」『いや。まあ。その――』「父ちゃん。話しする時はエーとかアーとか言ってちゃ駄目だよ。父ちゃん、会社でもそうなの?』『えっ。いや。そんなことないぞ』『父ちゃんは会社では中堅社員だろ。課長とか部長とか役員に報告することもあるんじゃないの』「ま、そりゃあ、あるさ」「そういう時に、エーとかアーとか言うとったらアカンよ。報告することを簡潔に纏めて言わないと駄目だよ。そういうのを起承転結って言うんだよ』「な、な。難しい言葉を知ってるんだな?」「最近の幼稚園は高度なんだよ。さ、早く始めなよ」

「よし。えー、それでは。——むかし、むかし」「父ちゃん。ちょっと待って」「な、なんだい。いきなり」「昔って、いつごろさ」「そりゃあ。昔だよ。昔ばなしなんだから」「あのねえ父ちゃん。時とか時代ってのがあるやろ。昔なんて大ざっぱな言い方はダメだよ。鎌倉時代とか平安時代とか、せめて時代くらいは言わなくちゃ』『ん。それじゃあ。えー、鎌倉時代に。——何か、変だな」「えー。鎌倉時代に。いいか、鎌倉時代で」「いちいち確認せずに続けてよう」「えー、鎌倉時代に。ある所に」「父ちゃん。ちょっと待ってよ」「なんだい。またかあ」「ある所って、どこさ」「うーん。どこっていっても」「日本ぜんこく、北は北海道から南は沖縄まで、ところ番地ってのがあるやろ』『ん、そう、いってもなあ』『父ちゃんが話ししようとしてるのは桃太郎じゃないの』『そうだよ』『桃太郎っていうのは、ジイさんは山へ芝刈り、バアさんは川へ洗濯でしょ」「うん、そうや」「ってことは山と川があるっていうのが前提だよね」「んん、まあ。お前、前提なんて言葉も知ってるのか」「いいんだよ。いちいち驚かなくても。そして桃太郎が鬼が島に鬼退治に行くんだろ」「うん」「っていうことは第二前提は海に近いし島もあるんだよね」「うん、そうなるな」「そうすると山あり川あり、海にも近い島もある。当時は電車も車もないから桃太郎は歩いていった。っていうことから僕はこれは神奈川県あたりと睨んでるんだけどね」「ふーん。なるほど。よし、それじゃあ。えー、鎌倉時代に。神奈川県に。こ、こ、これでいいか？」「うん。いいんだけど。僕、桃太郎の話は知ってんねん」「おっ、そうか」

「ところでな、父ちゃん。桃太郎の話って父ちゃんはほんとに知ってるの」「知ってるさ。桃から生まれた桃太郎が犬と猿を家来にして鬼が島に行って鬼を退治して宝を持って帰るんだよ」「あー、父ちゃんは理解してないなあ」「な、な、どこがおかしいんだ」「あのな、父ちゃん。桃から子供が生まれるなんて有り得ないだろう。この世に鬼なんていないだろう。鬼っていうのは人間の煩悩のことを言ってるんだよ。煩悩を持っちゃいけませんよ。煩悩は滅びますよって言ってるんだよ。だけどね、子供に煩悩なんて言っても分からないだろう。だから子供に分かりやすいように鬼を煩悩に置き換えた話にしてあるんだよ。そしてジイさんバアさんみたいにマジメに暮らせば、いいことありますよって教えているんだよ。そういう本質を分かった上で子供に話を――あれ。父ちゃん。父ちゃんってば。なんや、寝てしもうたか」

第四章　おとぼけ諺・辞書特集

握手——トイレで顔見知りの外国人に会った。小便しながらハローって右手を差し出した。てめえのその手は今、チ×ポを支えてたじゃねえかって無償に腹がたった。

安寿と厨子王——あいつは××サービスへ、俺は○○産業へ。「リストラで、みんなどこかへ、飛ばされる」現代版は悲劇で終わる。

アンネの日記——って本を中学の時、隠れるようにして買ったらエロ本じゃなかった。

暗号——女の名前を数字で書いておく。房代（ふさよ）＝二三四、美世子＝三四五、淑子＝四四五、てな具合にな。文代（ふみよ）＝二三四。レレ、二三四はダブるな、うーん。

言い訳——「君は確かに言っただろう。でも僕はその時、別のことを考えていたから聞いてなかった」って言った部長がいた。

イスラム教——イスラム＝回教って知らなかったのは俺だけだろうか。

石の上にも三年→会社の中では一年——三年なんて悠長なことは言うとれん。明日がなければ三年先はない。三年先のことなんか考えんでもいい。そんな先の話には興味がないってのが現代の会社。今年、食えない奴は出てけコールなの。

一円ブス――これ以上くずしようがない。

いつでも夢を。その一――遠い親戚の身寄りのないジイさんが死んで遺産を十億円もらった。なんてことねえかな。会社なんか即やめちゃうのにな。おー不況、リストラ。

いつでも夢を。その二――松村君、今期は予算大幅達成してるんだからそんなに働くなよ。休暇とって交際費も思い切り使ってゆっくりせえや、って言われてみたいね。

いつでも夢を。その三――会社の大株主が生き別れになってた実の父親だった。それを知った経営陣が「数々の御無礼をご容赦」って土下座する。

うそつき――いつも嘘つく奴は嘘つきじゃない。たまに嘘つく奴が嘘つきなんだよ。

馬の耳に念仏――「よいか飛雄馬、あの天上に光輝く巨人の星になるのだ」と唱え続けたのは星一徹。「社員諸君、一人でも多く辞めてくれ」と唱え続ける会社が多い。

浮気――コンドームを付けてれば無罪って言う奴がいた。

運命――君がその部に配属されたこと自体、運命なんだよ。諦めてくれって言われて若手までリストラしやがんの。

エアコン――ビルマにいる時、エアコンの調子が悪いので電気屋を呼んだ。「今の時期は暑いからエアコンも効かない。涼しくなれば効くようになる」って言われた。涼しい時はエアコンはいらねえんだよ。

駅弁――昔は列車の窓ってのは開いた。そこから駅弁を買った。知らないだろ若者よ。

応用問題――「ホテルの部屋で首相と二人きりになった。首相が貴方に銃を向けた。法に基づいて貴方の取れる行動は?」という問題が司法試験の面接で出た。「陛下は国の象徴なので抵抗しない」と答えた奴――不正解。「緊急避難及び正当防衛と見なされるので戦う」と答えた奴――不正解。正解は「そのようなことは起こり得ない」。

快感――高級クラブの便器にある大きな氷を小便で割った時、やり遂げた! って思う。

壁に耳あり――医学部にいた角田は解剖の実習の時、解剖でバラした耳を壁に当てて「壁に耳あり」っておちゃらけて教授の逆鱗に触れて医学部を追い出された。

空手バカ一代。大山M達――インドネシアの田舎の病院で空手の話になったら、そこの医者が「えーと、中村じゃなくて、――お、お、大山」って言ってた。

簡潔――簡潔に完璧に報告書を作成したら「君は文章うまいな。焦点を上手くボカしてある」って誉められた。

完全犯罪――自分で自分を誘拐して自分で脅迫電話をかけて自分でその電話を受けて自分の指定した口座に自分の口座から身の代金を振り込む。――言ってる自分がアホだと思う。

昨日の敵は今日の友↓昨日の友は今日は敵――昔、若手と言われた頃に一緒に遊んだ奴が今や役員になってリストラの実行隊長なんだよ。

逆は真じゃない――ウンコ食ってる時にカレーの話するな。

究極の選択――五十才のMツ矢歌子と二十才のK木きりん。どっちを選ぶ?

距離――「凸凹工業まで駅からどれくらい」って部長に聞かれた同期の小平は「歩いて三百メーターくらい」と答えた。「歩いても車に乗っても三百メーターは三百メーターだ」って怒られてた。

金庫の鍵――大事なものは金庫に入れる。金庫の鍵は大事。金庫の鍵はどこに入れたらいいんだろう。あー永遠の謎。
クイズ――アタック25は再放送で見ても俺は答えられないな、難しすぎる。正解を聞いて「あ、そうか」じゃない。聞いても分からない。
くつした――二日はいたのを脱ぐ時って怖いものみたさで臭いを嗅ぐだろ。
携帯電話――電話がかかってきたら「ワシがここにいるのが、どうして分かった」って言った奴がいる。我が社の役員。
刑務所――ホテル並みの設備で好きなものを食えて女を連れ込んでいいなら俺は一生入ってていいぞ。
結果は一緒――山一が倒産した時、社員がインタビューされて「他の会社に入ってればよかったですね」って言われた。「北拓か山一で迷ったので、どっちでも同じだった」って答えていた。
犬猿の仲――桃太郎の話はウソだろうか。
幻滅――やっと口説いた初デートで彼女がモズクを食った。別れようと思った。
興奮――中学の頃、辞書で「性器」とか「性交」とかの単語を引いて妙に興奮しなかった？
誤解――「泳げるタンポン」ってコマーシャルがあった。カナヅチの女がこのタンポンを使用してプールの深い所に飛び込んで溺れた。今は「多い日も大丈夫」ってコマーシャル。

子はカスガイ——の甘納豆って離婚の時、明石屋さんまが言ったらK日井（甘納豆のメーカー）が宣伝ありがとうって一年分の甘納豆を送ってきた。ホンマやで「笑っていいとも」で言うとった。

先送り——車で送る時、遠くてもブスは先に送って美人を残す。

三段活用——ドライバー（運転手）がドライバー（ネジ廻し）でドライバー（ゴルフの）を修理。これは英語で、なんて言うんだい？

死——生まれた瞬間から死というゴールに向かって走ってるんだぜ。アア無情。

自慰——利き腕でやらないと、いかないもんだな。そんなこと考えるのは俺だけかな。腕枕して手をシビレさせてやると他人の手みたいでいいっすって言ってた奴もいる。

自己中心——百七十五センチの投手のことを百六十センチの記者は「長身から投げ下ろす速球」、百八十センチの記者は「身長はないが球威のある速球」と表現する。

失神——魚も失神する。飼ってた雷魚に餌の金魚を与えた。雷魚に攻撃された金魚は失神して底まで沈んだ。息を吹き返してから食われた。魚の失神、ぎょっ。

終身刑――衣食住を国が一生、保証してくれる有難い刑。

常識――「私の常識では」と言ったら「常識は皆に共通のこと。私の常識とか貴方の常識とかは、ない」って怒られた。

真珠湾――宣戦せずに奇襲したってアメリカは怒ってる。でも宣戦（予告）したら奇襲にならねえじゃん。ばーか。

親族――冠婚葬祭と遺産相続の時だけ集まる不思議なグループ。

生命保険――今は自殺でも保険金おりる。「殺人で死刑になった時は?」って聞いたら「法に違反したことによる死だから、おりません」って保険屋のオバサンが言ってた

生理――「何い、今日からか。タイミングが悪いな」って叫ぶけど「ないの」って言われるよりは、いいか。

葬式――間違いなく主役なんだけど自分では絶対みれない。

ソープランド――昔は〝トルコ〟だった。でもトルコ大使館からクレームが付いてトルコって名前は使えなくなってソープになった。「大使館」って名前のトルコだと思って「予約なしでいけるか」とか「女は選べまっか」とかの問い合

わせが多くて頭にきたんだろう。

訴訟——泥棒に入ったら、そこの家の階段が腐ってて泥棒が足を骨折した。泥棒はその家の家主を訴えた——アメリカであった話。雨で濡れた猫を乾かそうとしてババアが猫を電子レンジに入れた。ギャーつうて猫は死んだ。ネコを電子レンジに入れるなと注意書きがないとババアがメーカーを訴えた。訴えられたメーカーは負けた——イギリスの話。

ソラ豆——って足の蒸れた臭いがするね。

達筆——自分の名前を他人が達筆で書くとガクッとこないか。

男女同権——ホスト・クラブ。昔はなかった。

騙し——入社試験の面接で「暑い人は上着を脱いで下さい」と言って何人かが脱いだ。「今、脱いだ人、失格です、お帰り下さい」って。ホンマにあった話。

定員——ロシアで五十人乗りの飛行機が墜落した。死者が七十人だった。二十人は立ち席だったのだろうか。

定期券——背広はバーゲンで二万円、時計はカシオの三千円。身につけてる物で一番、高いのは定期券って言ってた奴がいる。

同期の桜――五十も過ぎると散った奴が多いんだわ。

悩み――何も悩みがないと言って悩む奴は悩みがないと言えるのだろうか。

ニアミス――飛行機には「空中衝突防止警報装置」ってのが付いてるって知ってた?

ニセ札――本物と同じ紙を使って同じ印刷機で刷った本物と全く同じニセ札は、それでもニセ札なんだろうか。

似た者同士――木材の客でリリーって女のマネージャーがいる。リリーは「ちあきなおみ」に似てるって言ったら担当の角田が「小林幸子です」って言った。リリーを通じて「ちあきなおみ」と「小林幸子」が似てることに気がついた――それが、どうした。

二・二六事件――外務大臣の高橋是清《これきよ》が暗殺された。斬る前に寝間着のままで斬るのは忍びないとのことで「高橋、これ、着よ」と言って将校が自分のマントを掛けてやった。

ハンディ――山口は嶋谷にゴルフでエブリィ2のハンディをもらってた。ショートはパー3だからホールインワンしても負けるって嶋谷はボヤいてる。

非常識――福山って奴が家族でデパートに行った(ジャカルタで)。行き付けの飲み屋のネエちゃんにバッタリ会った。ネエちゃんに「福ちゃん」つうて嫁さんの前で抱きつかれた。「おまえなんか知らない。俺は無実」と叫びながら福山はネエちゃんに抱きつかれたまま三メートル逃げた。

火に油——中曽根首相が専用機で外遊に行く時、離陸寸前で故障が発見されて遅れた。イライラしてる首相に整備士が「飛ぶ前に気がついて良かったですよね」って言ったら、よけい怒った。

ベターザン・ナッシング——何もないよりマシという英語の諺。タイでは「クソは屁よりマシ」って言い方。実が残るからだって。

不眠症——医者に相談したら「グッスリ眠りなさい」と言われた、バカヤロ。

プロポーズ——君、死んだらうちの墓に入らないか。

冒涜——悪ガキが牧師の机にウンコを塗った。牧師は「神は」と言った時、気づいて「ウンコだ」と言ってしまった、懺悔！

生牡蠣——タン壷を覗いた後でも食える？

前金——インドネシアの病院は担ぎ込まれた瀕死の重傷者にも前金を要求する。

負け犬——なんで負けの表現に使われるんだい——犬一同。化ける時に使われる、俺らも被害者だ――猫一同。食われる対象じゃねえから、いいじゃねえか――牛豚同盟。

麻酔――で抜歯した直後、昼飯を食って血だらけになった奴がいる。麻酔でしびれたままイカフライを食ってイカだと思って唇を噛み続けたから。かみ切れないイカだと思ったたって。

マスターズ――飲み屋のマスター達の親睦ゴルフは絶対、この名前つけてるぜ。

見栄――一人暮らしの時、隣の美人のオバさんが「洗濯物洗ってあげるから持ってらっしゃい」って言った。汚れてるパンツは洗ってきれいにしてから持っていった。

身分証明――銀行で口座を開く時に「身分証明が必要」と言われた。「指名手配で追われてるから出せない」って言ったらソッポ向いた。不親切な銀行が多い。

惨め――寮の風呂に後輩の守岡が入ってきた。勃起させてるから「エエ度胸してるな」って注意したら「普通の状態です、すいません」って言われた。ガクッ。

未練――振られた女に「今、電話なったけど、おまえ?」って電話したことないかい?

目印――客先に行くのに工事中のビルを目印にしてた。ビルが完成したら目印にならなくなって分からなくなった。

無駄――家にいて何もすることがない時に聞く交通情報。明日、処刑される死刑囚の虫歯の治療。腹いっぱいスキヤキを食った後でご馳走になるステーキ。

盲点――死体を墓場に埋めたって犯人はいない。

やせ我慢――佐山製作所ってとこの石田って奴が食事中に延々と痔の手術の体験談をした。「すいません食事中に」って言うから「全然、気にならない」って言ってやったけど食欲なくなった。

ヤブ医者――風邪で医者に行ったら精密検査の後で「風邪ですね」と言われた。

離婚――するって同期の藤田に相談したら「ただでやれる女を手放すのは勿体ない」と言われた。相談ってのは相手を見なきゃと思った。

【著者略歴】
吉田 道孝（よしだ みちたか）

1950年、東京生まれ。
1972年、学習院大学卒、大手商社へ入社。
ビルマ（ミャンマー）、インドネシアに約10年駐在。
著書に『はちゃめちゃ商社マン、解任社長のお笑い告白』（文芸社）。

はちゃめちゃ商社マン、も一度笑わせたる

2002年3月15日　初版第1刷発行

著　者　吉田 道孝
発行者　瓜谷 綱延
発行所　株式会社 文芸社
〒160-0022　東京都新宿区新宿1－10－1
電話　03-5369-3060（代表）
03-5369-2299（営業）
振　替　00190-8-728265

印刷所　株式会社 平河工業社

ISBN4-8355-2866-2 C0095